원각경보안보살장

KB191485

우리출판사

원각경보안보살장

사경의 목적

사경은 경전의 뜻을 보다 깊이 이해하려는 목적도 있지만, 부처님의 말씀을 옮겨 쓰는 경건한 수행을 통해 자기의 신심信心과 원력을 부처님의 말씀과 일체화시켜서 신앙의 힘을 키워나가는데 더 큰 목적이 있다.

조용히 호흡을 가다듬고 부처님의 말씀을 마음으로 되새기며, 정신을 집중하여 사경에 임하다 보면 자신도 모르는 사이에 사경 삼매에 들게 된다. 또한 심신心身이 청정해져 부처님의 마음과 통하게 되니, 부처님의 지혜의 빛과 자비광명이 우리의 마음속 깊이 스며들어 온다.

그러면 몸과 마음이 안락과 행복을 느끼면서 내 주변의 모든 존재에 대한 자비심이 일어나니, 사경의 공덕은 이렇듯 그 자리에서 이익을 가져온다.

사경하는 마음

경전에 표기된 글자는 단순한 문자가 아니라 부처님께서 깨달은 진리라는 상징성을 갖고 있다. 경전의 글자 하나하나가 중생구제를 서원하신 부처님의 마음이며, 중생을 진리의 길로 인도하는 지침인 것이다.

예로부터 사경을 하며 1자3배의 정성을 기울인 것도 경전의 한 글자 한 글자에 부처님이 함께하신다고 생각했기 때문이다. 사경이 수행인 동시에 기도의 일환으로 불자들에게 널리 행해지는 까닭이 여기에 있다.

사경은 부처님의 가르침과 함께하는 시간이며 부처님과 함께하는 시간이다. 부처님의 말씀을 가슴으로 받아들이고 마음으로 찬탄하며 진실로 기쁘게 환희로워야 하는 시간인 것이다.

따라서 사경은 가장 청정한 마음으로 임해야 한다.

사경의 공덕

❀ 마음이 안정되고 평화로워져 미소가 떠나질 않는다.

❀ 부처님을 믿는 마음이 더욱 굳건해진다.

❀ 번뇌 망상, 어리석은 마음이 사라지고 지혜가 증장한다.

❀ 생업이 더욱 번창한다.

❀ 좋은 인연을 만나고 착한 선과가 날로 더해진다.

❀ 업장이 소멸되며 소원한 바가 반드시 이루어진다.

❀ 불보살님과 천지신명이 보호해 주신다.

❀ 각종 질환이나 재난, 구설수 등 현실의 고苦를 소멸시킨다.

❀ 선망조상이 왕생극락하고 원결 맺은 다겁생의 영가들이
   이고득락離苦得樂한다.

❀ 가정이 화목하고 자손들의 앞길이 밝게 열린다.

사경하는 절차

1. 몸을 깨끗이 하고 옷차림을 단정히 한다.

2. 사경할 준비를 갖춘다.(사경상, 좌복, 필기도구 등)

3. 삼배 후, 의식문이 있으면 의식문을 염송한다.

4. 좌복 위에 단정히 앉아 마음을 고요히 한다.
   (잠시 입정하면 더욱 좋다.)

5. 붓이나 펜으로 한 자 한 자 정성스럽게 사경을 시작한다.

6. 사경이 끝나면 사경 발원문을 염송한다.

7. 삼배로 의식을 마친다.

◆ 기도를 더 하고 싶을 때에는 사경이 끝난 뒤, 경전 독송이나
   108배 참회기도, 또는 그날 사경한 내용을 참구하는 명상 시간을
   갖는 것도 좋다.

◆ 사경에 사용하는 붓이나 펜은 사경 이외의 다른 용도에 사용하지
   않도록 한다.

◆ 완성된 사경은 집안에서 가장 정갈한 곳(혹은 높은 곳)에 보관하거나,
   경건하게 소각시킨다.

발 원 문

년　　　월　　　일

원각경 보안보살장

보안보살이 대중 가운데 있다가 자리에서 일어나 부처님 발에 절하고 바른편으로 세 번 돌고 무릎을 꿇어 합장하고 부처님께 여쭈었다.

자비하신 세존이시여, 여기 모인 여러 보살들과 말세의 모든 중생들을 위하여 보살이 수행할 차례를 말씀해 주옵소서. 어떻게 생각하고 어떻게 머무를 것이며, 중생들이 깨치지 못하면 어떠한 방편을 써야 널리 깨치도록 하겠나이까?

세존이시여, 만약 중생들이 바른 방편과 바른 생각이 없으면, 부처님이 말씀하신

삼매三昧를 듣고도 마음이 아득하여 원각
圓覺에 들어갈 수 없을 것이옵니다.
원컨대 자비를 드리우사 저희 무리들과
말세 중생들을 위하여 짐짓 방편을 말씀
해 주소서.
이 말을 하고 오체를 땅에 던져 이와 같이
세 번 청하였다.
이때 부처님은 보안보살에게 말씀하시었다.
착하도다 착하도다. 선남자여, 그대들이
이제 보살들과 말세 중생을 위하여 여래의
수행의 차례와 생각과 머무름과 가지가지
방편을 묻는구나. 그럼 자세히 들어라. 그
대들을 위해 말하겠노라.
보안보살은 분부를 받들고 기뻐하여 대중
들과 함께 조용히 듣고 있었다.
선남자여, 새로 공부하는 보살과 말세 중생
이 여래의 청정한 원각심圓覺心을 구하려

면, 생각을 바르게 하여 모든 환幻을 멀리 여의어야 할 것이니라. 먼저 여래의 사마타 행을 의지하여 계율을 굳게 가지고, 대중 가운데서 안정되게 지내며, 고요한 방에 잠 자코 앉아 항상 이런 생각을 하라.

지금 내 이 몸뚱이는 사대四大가 화합하여 된 것이다. 터럭·이·손톱·발톱·살갗· 근육·뼈·골수·때·빛깔은 다 흙으로 돌 아갈 것이고, 침·콧물·고름·피·진액· 거품·담·눈물·정기·대소변은 다 물로 돌아갈 것이며, 더운 기운은 불로 돌아갈 것이고, 움직이는 것은 바람으로 돌아갈 것이다.

사대四大가 뿔뿔이 흩어지면 이제 이 허망 한 몸뚱이는 어디에 있을 것인가 곧 알라. 이 몸은 마침내 자체가 없는 것이고 화합 하여 형상이 이루어졌으나 사실은 환幻으

원각경보안보살장

11

로 된 것과 같다.

네 가지 인연이 거짓으로 모여 망령되이 육근六根이 있게 된 것이니라. 육근과 사대가 안팎으로 합하여 이루어졌는데 허망되이 인연 기운이 그 안에 쌓이고 모여 인연상因緣相이 있는 듯한 것을 이름하여 마음이라 하느니라.

선남자여, 이 허망한 마음이 만약 육진六塵이 없으면 있지 못할 것이고, 사대가 흩어지면 육진도 얻지 못할 것이니라. 이 가운데 인연과 티끌이 뿔뿔이 흩어져 없어지면, 마침내 인연의 마음도 볼 수 없으리라.

선남자여, 중생들은 환幻인 몸뚱이가 멸하므로 환인 마음도 멸하고, 환인 마음이 멸하므로 환인 경계도 멸하고, 환인 경계가 멸하므로 환의 멸도 또한 멸하고, 환의 멸이 멸하므로 환 아닌 것은 멸하지 않나니,

이를테면 거울에 때가 없어지면 광명이 나타나는 것과 같느니라.

선남자여, 몸과 마음이 다 환의 때이니, 때가 아주 없어지면 시방세계가 청정함을 알지니라. 마치 깨끗한 마니보주가 오색에 비추이자 그 빛에 따라 각기 달리 나타나는 것이어늘, 어리석은 사람들은 그 보배 구슬에 실제로 오색이 있는 줄 아는 것과 같느니라.

선남자여, 원각인 청정한 성품이 몸과 마음으로 나투어 종류를 따라 각기 응하거늘, 어리석은 사람들은 청정한 원각에 실제로 이런 몸과 마음의 모양이 있다고 말하는 것도 또한 그와 같은 것이니라. 이로 말미암아 환화幻化를 멀리할 수 없으므로, 나는 몸과 마음을 〈환의 때〉라고 하노니, 환의 때垢를 대하여 이를 여의면 보살이라

이름할 수 있느니라. 때가 다하여 대할 것
도 없어지면 대對도 때垢도 없고 대니 때
니 하는 이름도 없느니라.

선남자여, 이 보살과 말세 중생들이 모든
환幻을 증득하여 영상影像이 멸해 버렸기
때문에 이때에 문득 끝없는 청정함을 얻나니,
가없는 허공도 원각의 나타난 바니라.

그 깨달음이 원만하고 밝으므로 마음의 청
정이 나타나고, 마음이 청정하므로 보이는
경계가 청정하고, 보이는 것이 청정하므로
눈이 청정하고, 눈이 청정하므로 보는 알
음알이가 청정하고, 알음알이가 청정하므
로 들리는 경계가 청정하고, 들리는 것이
청정하므로 귀가 청정하고, 귀가 청정하므
로 듣는 알음알이가 청정하고, 알음알이가
청정하므로 느낌의 경계가 청정하고, 그리
하여 코·혀·몸뚱이·뜻에 있어서도 또

한 이와 같느니라.

선남자여, 눈이 청정하므로 빛이 청정하고, 빛이 청정하므로 소리가 청정하며, 향기와 맛과 감촉과 법진法塵도 또한 이와 같느니라.

선남자여, 육진六塵이 청정하므로 지대地大가 청정하고, 지대가 청정하므로 수대水大가 청정하며, 화대火大·풍대風大도 이와 같느니라.

선남자여, 사대四大가 청정하므로 십이처十二處와 십팔계十八界와 이십오유二十五有가 청정하느니라. 이들이 청정하기 때문에 십력十力과 사무소외四無所畏와 사무애지四無碍智와 불십팔불공佛十八不共法과 삼십칠조도품三十七助道品이 청정하며, 이와 같이 팔만사천 다라니문도 죄다 청정하느니라.

선남자여, 모든 실상實相은 성품이 청정하

기 때문에 한 몸一身이 청정하고, 한 몸이 청정하므로 여러 몸이 청정하며, 여러 몸이 청정하므로 시방十方 중생의 원각도 청정하느니라.

선남자여, 한 세계가 청정하므로 여러 세계가 청정하고, 여러 세계가 청정하므로 마침내는 허공을 다하고 삼세三世를 두루 싸서 모든 것이 평등하고 청정해서 움직이지 않느니라.

선남자여, 허공이 이와 같이 평등하여 움직이지 않기 때문에 각성覺性이 평등하여 움직이지 않으며, 사대가 움직이지 않으므로 각성이 평등하여 움직이지 않으며, 이와 같이 팔만사천 다라니문이 평등하여 평등하여 움직이지 않는 줄을 알지니라.

선남자여, 각성이 두루 차고 청정하며 움직이지 않고 원만해 끝이 없으므로 육근六

根이 법계에 가득한 것임을 알라. 육근이 두루 차므로 육진六塵이 법계에 두루 참을 알고, 육진이 두루 차므로 사대가 법계에 두루 차며, 이와 같이 다라니문이 법계에 두루 찬 것인 줄을 알지니라.

선남자여, 미묘한 각성覺性이 두루 차므로 말미암아 근성根性과 진성塵性이 무너짐도 없고 뒤섞임도 없으며, 근과 진이 무너짐이 없으므로 다라니문이 무너짐도 뒤섞임도 없는 것이니라. 마치 백천 등불이 한 방에 비치면 그 불빛이 두루 가득하여 무너짐도 뒤섞임도 없는 것과 같느니라.

선남자여, 깨달음을 성취한 보살은 법에 얽매이지도 않고, 법에서 벗어나기를 구하지도 않으며, 나고 죽는 것을 싫어하지도 않고, 열반을 좋아하지도 않으며, 계행 가지는 것을 공경하지도 않고, 파계를 미워하지

도 않으며, 오래 공부한 이를 소중히 여기지도 않고, 처음 공부한 이를 깔보지도 않나니, 왜냐 하면 온갖 것이 모두 원각이기 때문이니라. 이를테면 안광眼光이 앞을 비춤에 그 빛은 원만하여 사랑도 미움도 없는 것과 같으니, 그것은 광명 자체는 둘이 아니어서 사랑과 미움이 없기 때문이니라.

선남자여, 보살과 말세 중생이 이 마음을 닦아 성취하면 여기에는 닦을 것도 없고 성취할 것도 없으리니, 원각이 널리 비추고 적멸해서 차별이 없느니라.

이 가운데에서는 백천만억 아승지 말할 수 없는 항하의 모래 수 같은 모든 부처님 세계가 마치 허공꽃空華이 어지럽게 일어나고 스러지는 것 같아서, 즉即하지도 여의지도 않으며 얽매임도 풀림도 없으리니, 중생이 본래 부처이고 생사와 열반이 지난

밤 꿈과 같은 줄을 알 것이니라.

선남자여, 지난밤 꿈같으므로 생사와 열반이 일어나는 것도 없고 없어지는 것도 없으며, 오는 것도 없고 가는 것도 없느니라. 증득된 바가 얻을 것도 없고 잃을 것도 없으며, 취할 것도 없고 버릴 것도 없느니라. 또한 증득한 이가 일으킬 것作도 없고 멈출 것止도 없으며, 맡길 것任도 없고 멸할 것滅도 없느니라.

이와 같은 증證 가운데는 능能도 없고 소所도 없어 마침내 증할 것도 없고 증할 이도 없어서, 모든 법의 성품이 평등하여 무너지지 않느니라.

선남자여, 모든 보살들이 이렇게 닦을 것이며, 이러한 차례이며, 이렇게 생각할 것이며, 이렇게 머물러 가질 것이며, 이러한 방편이며, 이렇게 깨달으므로, 이와 같은 법

을 구하면 아득하거나 답답하지 않으리라.

이때 세존은 이런 뜻을 거듭 펴시려고

게송으로 말씀하시었다.

보안이여, 그대 마땅히 알라.

시방세계 모든 중생들

몸과 마음 죄다 환幻과 같아서

몸뚱이는 사대四大로 이루어지고

마음은 육진六塵에 돌아감이라.

사대 뿔뿔이 흩어지고 말면

어느 것이 화합된 것이런가.

이와 같이 차례로 닦아 나가면

모든 것이 두루 청정하여서

움쩍 않고 온 법계에 두루하리라.

짓고 그치고 맡기고 멸할 것 없고
또한 증할 이도 없는 것이니
모든 부처님 세상일지라도
허공에 아물거리는 꽃과 같으리.

삼세三世가 모두 평등함이라.
마침내 오고 감도 없는 것.

처음으로 마음 낸 보살이나
말세의 모든 중생들이
부처의 길에 들고자 한다면
이와 같이 닦고 익힐지니라.

불기 25   년   월   일   불자   사경

원각경 보안보살장

보안보살이 대중 가운데 있다가 자리에서 일어나 부처님 발에 절하고 바른편으로 세 번 돌고 무릎을 꿇어 합장하고 부처님께 여쭈었다.

자비하신 세존이시여, 여기 모인 여러 보살들과 말세의 모든 중생들을 위하여 보살이 수행할 차례를 말씀해 주옵소서. 어떻게 생각하고 어떻게 머무를 것이며, 중생들이 깨치지 못하면 어떠한 방편을 써야 널리 깨치도록 하겠나이까?

세존이시여, 만약 중생들이 바른 방편과 바른 생각이 없으면, 부처님이 말씀하신

삼매三昧를 듣고도 마음이 아득하여 원각圓覺에 들어갈 수 없을 것이옵니다.

원컨대 자비를 드리우사 저희 무리들과 말세 중생들을 위하여 짐짓 방편을 말씀해 주소서.

이 말을 하고 오체를 땅에 던져 이와 같이 세 번 청하였다.

이때 부처님은 보안보살에게 말씀하시었다.

착하도다 착하도다. 선남자여, 그대들이 이제 보살들과 말세 중생을 위하여 여래의 수행의 차례와 생각과 머무름과 가지가지 방편을 묻는구나. 그럼 자세히 들어라. 그대들을 위해 말하겠노라.

보안보살은 분부를 받들고 기뻐하여 대중들과 함께 조용히 듣고 있었다.

선남자여, 새로 공부하는 보살과 말세 중생이 여래의 청정한 원각심圓覺心을 구하려면, 생각을 바르게 하여 모든 환幻을 멀리 여의어야 할 것이니라. 먼저 여래의 사마타 행을 의지하여 계율을 굳게 가지고, 대중 가운데서 안정되게 지내며, 고요한 방에 잠자코 앉아 항상 이런 생각을 하라.

지금 내 이 몸뚱이는 사대四大가 화합하여 된 것이다. 터럭·이·손톱·발톱·살갗· 근육·뼈·골수·때·빛깔은 다 흙으로 돌 아갈 것이고, 침·콧물·고름·피·진액· 거품·담·눈물·정기·대소변은 다 물로 돌아갈 것이며, 더운 기운은 불로 돌아갈 것이고, 움직이는 것은 바람으로 돌아갈 것이다.

사대四大가 뿔뿔이 흩어지면 이제 이 허망 한 몸뚱이는 어디에 있을 것인가 곧 알라. 이 몸은 마침내 자체가 없는 것이고 화합 하여 형상이 이루어졌으나 사실은 환幻으

로 된 것과 같다.

네 가지 인연이 거짓으로 모여 망령되이 육근六根이 있게 된 것이니라. 육근과 사대가 안팎으로 합하여 이루어졌는데 허망되이 인연 기운이 그 안에 쌓이고 모여 인연상因緣相이 있는 듯한 것을 이름 하여 마음이라 하느니라.

선남자여, 이 허망한 마음이 만약 육진六塵이 없으면 있지 못할 것이고, 사대가 흩어지면 육진도 얻지 못할 것이니라. 이 가운데 인연과 티끌이 뿔뿔이 흩어져 없어지면, 마침내 인연의 마음도 볼 수 없으리라.

선남자여, 중생들은 환幻인 몸뚱이가 멸하므로 환인 마음도 멸하고, 환인 마음이 멸하므로 환인 경계도 멸하고, 환인 경계가 멸하므로 환의 멸도 또한 멸하고, 환의 멸이 멸하므로 환 아닌 것은 멸하지 않나니,

이를테면 거울에 때가 없어지면 광명이 나타나는 것과 같느니라.

선남자여, 몸과 마음이 다 환의 때이니, 때가 아주 없어지면 시방세계가 청정함을 알지니라. 마치 깨끗한 마니보주가 오색에 비추이자 그 빛에 따라 각기 달리 나타나는 것이어늘, 어리석은 사람들은 그 보배 구슬에 실제로 오색이 있는 줄 아는 것과 같느니라.

선남자여, 원각인 청정한 성품이 몸과 마음으로 나투어 종류를 따라 각기 응하거늘, 어리석은 사람들은 청정한 원각에 실제로 이런 몸과 마음의 모양이 있다고 말하는 것도 또한 그와 같은 것이니라. 이로 말미암아 환화幻化를 멀리할 수 없으므로, 나는 몸과 마음을 〈환의 때〉라고 하노니, 환의 때垢를 대하여 이를 여의면 보살이라

이름할 수 있느니라. 때가 다하여 대할 것도 없어지면 대對도 때垢도 없고 대니 때니 하는 이름도 없느니라.

선남자여, 이 보살과 말세 중생들이 모든 환幻을 증득하여 영상影像이 멸해 버렸기 때문에 이때에 문득 끝없는 청정함을 얻나니, 가없는 허공도 원각의 나타난 바니라.

그 깨달음이 원만하고 밝으므로 마음의 청정이 나타나고, 마음이 청정하므로 보이는 경계가 청정하고, 보이는 것이 청정하므로 눈이 청정하고, 눈이 청정하므로 보는 알음알이가 청정하고, 알음알이가 청정하므로 들리는 경계가 청정하고, 들리는 것이 청정하므로 귀가 청정하고, 귀가 청정하므로 듣는 알음알이가 청정하고, 알음알이가 청정하므로 느낌의 경계가 청정하고, 그리하여 코·혀·몸뚱이·뜻에 있어서도 또

한 이와 같느니라.

선남자여, 눈이 청정하므로 빛이 청정하고, 빛이 청정하므로 소리가 청정하며, 향기와 맛과 감촉과 법진法塵도 또한 이와 같느니라.

선남자여, 육진六塵이 청정하므로 지대地大가 청정하고, 지대가 청정하므로 수대水大가 청정하며, 화대火大·풍대風大도 이와 같느니라.

선남자여, 사대四大가 청정하므로 십이처十二處와 십팔계十八界와 이십오유二十五有가 청정하느니라. 이들이 청정하기 때문에 십력十力과 사무소외四無所畏와 사무애지四無碍智와 불십팔불공佛十八不共法과 삼십칠조도품三十七助道品이 청정하며, 이와 같이 팔만사천 다라니문도 죄다 청정하느니라.

선남자여, 모든 실상實相은 성품이 청정하

기 때문에 한 몸一身이 청정하고, 한 몸이 청정하므로 여러 몸이 청정하며, 여러 몸이 청정하므로 시방十方 중생의 원각도 청정하느니라.

선남자여, 한 세계가 청정하므로 여러 세계가 청정하고, 여러 세계가 청정하므로 마침내는 허공을 다하고 삼세三世를 두루 싸서 모든 것이 평등하고 청정해서 움직이지 않느니라.

선남자여, 허공이 이와 같이 평등하여 움직이지 않기 때문에 각성覺性이 평등하여 움직이지 않으며, 사대가 움직이지 않으므로 각성이 평등하여 움직이지 않으며, 이와 같이 팔만사천 다라니문이 평등하여 평등하여 움직이지 않는 줄을 알지니라.

선남자여, 각성이 두루 차고 청정하며 움직이지 않고 원만해 끝이 없으므로 육근六

根이 법계에 가득한 것임을 알라. 육근이

두루 차므로 육진六塵이 법계에 두루 참을

알고, 육진이 두루 차므로 사대가 법계에

두루 차며, 이와 같이 다라니문이 법계에

두루 찬 것인 줄을 알지니라.

선남자여, 미묘한 각성覺性이 두루 차므로

말미암아 근성根性과 진성塵性이 무너짐도

없고 뒤섞임도 없으며, 근과 진이 무너짐이

없으므로 다라니문이 무너짐도 뒤섞임도

없는 것이니라. 마치 백천 등불이 한 방에

비치면 그 불빛이 두루 가득하여 무너짐도

뒤섞임도 없는 것과 같느니라.

선남자여, 깨달음을 성취한 보살은 법에 얽

매이지도 않고, 법에서 벗어나기를 구하지

도 않으며, 나고 죽는 것을 싫어하지도 않

고, 열반을 좋아하지도 않으며, 계행 가지

는 것을 공경하지도 않고, 파계를 미워하지

도 않으며, 오래 공부한 이를 소중히 여기지도 않고, 처음 공부한 이를 깔보지도 않나니, 왜냐 하면 온갖 것이 모두 원각이기 때문이니라. 이를테면 안광眼光이 앞을 비춤에 그 빛은 원만하여 사랑도 미움도 없는 것과 같으니, 그것은 광명 자체는 둘이 아니어서 사랑과 미움이 없기 때문이니라.

선남자여, 보살과 말세 중생이 이 마음을 닦아 성취하면 여기에는 닦을 것도 없고 성취할 것도 없으리니, 원각이 널리 비추고 적멸해서 차별이 없느니라.

이 가운데에서는 백천만억 아승지 말할 수 없는 항하의 모래 수 같은 모든 부처님 세계가 마치 허공꽃空華이 어지럽게 일어나고 스러지는 것 같아서, 즉卽하지도 여의지도 않으며 얽매임도 풀림도 없으리니, 중생이 본래 부처이고 생사와 열반이 지난

원각경보안보살장

31

밤 꿈과 같은 줄을 알 것이니라.

선남자여, 지난밤 꿈같으므로 생사와 열반이 일어나는 것도 없고 없어지는 것도 없으며, 오는 것도 없고 가는 것도 없느니라. 증득된 바가 얻을 것도 없고 잃을 것도 없으며, 취할 것도 없고 버릴 것도 없느니라. 또한 증득한 이가 일으킬 것作도 없고 멈출 것止도 없으며, 맡길 것任도 없고 멸할 것滅도 없느니라.

이와 같은 증證 가운데는 능能도 없고 소所도 없어 마침내 증할 것도 없고 증할 이도 없어서, 모든 법의 성품이 평등하여 무너지지 않느니라.

선남자여, 모든 보살들이 이렇게 닦을 것이며, 이러한 차례이며, 이렇게 생각할 것이며, 이렇게 머물러 가질 것이며, 이러한 방편이며, 이렇게 깨달으므로, 이와 같은 법

을 구하면 아득하거나 답답하지 않으리라.

이때 세존은 이런 뜻을 거듭 펴시려고
게송으로 말씀하시었다.

보안이여, 그대 마땅히 알라.
시방세계 모든 중생들
몸과 마음 죄다 환幻과 같아서

몸뚱이는 사대四大로 이루어지고
마음은 육진六塵에 돌아감이라.
사대 뿔뿔이 흩어지고 말면
어느 것이 화합된 것이런가.

이와 같이 차례로 닦아 나가면
모든 것이 두루 청정하여서
옴쩍 않고 온 법계에 두루하리라.

짓고 그치고 맡기고 멸할 것 없고

또한 증할 이도 없는 것이니

모든 부처님 세상일지라도

허공에 아물거리는 꽃과 같으리.

삼세三世가 모두 평등함이라.

마침내 오고 감도 없는 것.

처음으로 마음 낸 보살이나

말세의 모든 중생들이

부처의 길에 들고자 한다면

이와 같이 닦고 익힐지니라.

원각경 보안보살장

보안보살이 대중 가운데 있다가 자리에서 일어나 부처님 발에 절하고 바른편으로 세 번 돌고 무릎을 꿇어 합장하고 부처님께 여쭈었다.

자비하신 세존이시여, 여기 모인 여러 보살들과 말세의 모든 중생들을 위하여 보살이 수행할 차례를 말씀해 주옵소서. 어떻게 생각하고 어떻게 머무를 것이며, 중생들이 깨치지 못하면 어떠한 방편을 써야 널리 깨치도록 하겠나이까?

세존이시여, 만약 중생들이 바른 방편과 바른 생각이 없으면, 부처님이 말씀하신

삼매三昧를 듣고도 마음이 아득하여 원각
圓覺에 들어갈 수 없을 것이옵니다.

원컨대 자비를 드리우사 저희 무리들과
말세 중생들을 위하여 짐짓 방편을 말씀
해 주소서.

이 말을 하고 오체를 땅에 던져 이와 같이
세 번 청하였다.

이때 부처님은 보안보살에게 말씀하시었다.

착하도다 착하도다. 선남자여, 그대들이
이제 보살들과 말세 중생을 위하여 여래의
수행의 차례와 생각과 머무름과 가지가지
방편을 묻는구나. 그럼 자세히 들어라. 그
대들을 위해 말하겠노라.

보안보살은 분부를 받들고 기뻐하여 대중
들과 함께 조용히 듣고 있었다.

선남자여, 새로 공부하는 보살과 말세 중생
이 여래의 청정한 원각심圓覺心을 구하려

면, 생각을 바르게 하여 모든 환幻을 멀리 여의어야 할 것이니라. 먼저 여래의 사마타 행을 의지하여 계율을 굳게 가지고, 대중 가운데서 안정되게 지내며, 고요한 방에 잠 자코 앉아 항상 이런 생각을 하라.

지금 내 이 몸뚱이는 사대四大가 화합하여 된 것이다. 터럭·이·손톱·발톱·살갗· 근육·뼈·골수·때·빛깔은 다 흙으로 돌 아갈 것이고, 침·콧물·고름·피·진액· 거품·담·눈물·정기·대소변은 다 물로 돌아갈 것이며, 더운 기운은 불로 돌아갈 것이고, 움직이는 것은 바람으로 돌아갈 것이다.

사대四大가 뿔뿔이 흩어지면 이제 이 허망 한 몸뚱이는 어디에 있을 것인가 곧 알라. 이 몸은 마침내 자체가 없는 것이고 화합 하여 형상이 이루어졌으나 사실은 환幻으

로 된 것과 같다.

네 가지 인연이 거짓으로 모여 망령되이 육근六根이 있게 된 것이니라. 육근과 사대가 안팎으로 합하여 이루어졌는데 허망되이 인연 기운이 그 안에 쌓이고 모여 인연상因緣相이 있는 듯한 것을 이름 하여 마음이라 하느니라.

선남자여, 이 허망한 마음이 만약 육진六塵이 없으면 있지 못할 것이고, 사대가 흩어지면 육진도 얻지 못할 것이니라. 이 가운데 인연과 티끌이 뿔뿔이 흩어져 없어지면, 마침내 인연의 마음도 볼 수 없으리라.

선남자여, 중생들은 환幻인 몸뚱이가 멸하므로 환인 마음도 멸하고, 환인 마음이 멸하므로 환인 경계도 멸하고, 환인 경계가 멸하므로 환의 멸도 또한 멸하고, 환의 멸이 멸하므로 환 아닌 것은 멸하지 않나니,

이를테면 거울에 때가 없어지면 광명이 나타나는 것과 같느니라.

선남자여, 몸과 마음이 다 환의 때이니, 때가 아주 없어지면 시방세계가 청정함을 알지니라. 마치 깨끗한 마니보주가 오색에 비추이자 그 빛에 따라 각기 달리 나타나는 것이어늘, 어리석은 사람들은 그 보배 구슬에 실제로 오색이 있는 줄 아는 것과 같느니라.

선남자여, 원각인 청정한 성품이 몸과 마음으로 나투어 종류를 따라 각기 응하거늘, 어리석은 사람들은 청정한 원각에 실제로 이런 몸과 마음의 모양이 있다고 말하는 것도 또한 그와 같은 것이니라. 이로 말미암아 환화幻化를 멀리할 수 없으므로, 나는 몸과 마음을 〈환의 때〉라고 하노니, 환의 때垢를 대하여 이를 여의면 보살이라

이름할 수 있느니라. 때가 다하여 대할 것
도 없어지면 대對도 때垢도 없고 대니 때
니 하는 이름도 없느니라.

선남자여, 이 보살과 말세 중생들이 모든
환幻을 증득하여 영상影像이 멸해 버렸기
때문에 이때에 문득 끝없는 청정함을 얻나니,
가없는 허공도 원각의 나타난 바니라.

그 깨달음이 원만하고 밝으므로 마음의 청
정이 나타나고, 마음이 청정하므로 보이는
경계가 청정하고, 보이는 것이 청정하므로
눈이 청정하고, 눈이 청정하므로 보는 알
음알이가 청정하고, 알음알이가 청정하므
로 들리는 경계가 청정하고, 들리는 것이
청정하므로 귀가 청정하고, 귀가 청정하므
로 듣는 알음알이가 청정하고, 알음알이가
청정하므로 느낌의 경계가 청정하고, 그리
하여 코·혀·몸뚱이·뜻에 있어서도 또

한 이와 같느니라.

선남자여, 눈이 청정하므로 빛이 청정하고, 빛이 청정하므로 소리가 청정하며, 향기와 맛과 감촉과 법진法塵도 또한 이와 같느니라.

선남자여, 육진六塵이 청정하므로 지대地大가 청정하고, 지대가 청정하므로 수대水大가 청정하며, 화대火大·풍대風大도 이와 같느니라.

선남자여, 사대四大가 청정하므로 십이처十二處와 십팔계十八界와 이십오유二十五有가 청정하느니라. 이들이 청정하기 때문에 십력十力과 사무소외四無所畏와 사무애지四無碍智와 불십팔불공佛十八不共法과 삼십칠조도품三十七助道品이 청정하며, 이와 같이 팔만사천 다라니문도 죄다 청정하느니라.

선남자여, 모든 실상實相은 성품이 청정하

기 때문에 한 몸一身이 청정하고, 한 몸이 청정하므로 여러 몸이 청정하며, 여러 몸이 청정하므로 시방十方 중생의 원각도 청정하느니라.

선남자여, 한 세계가 청정하므로 여러 세계가 청정하고, 여러 세계가 청정하므로 마침내는 허공을 다하고 삼세三世를 두루 싸서 모든 것이 평등하고 청정해서 움직이지 않느니라.

선남자여, 허공이 이와 같이 평등하여 움직이지 않기 때문에 각성覺性이 평등하여 움직이지 않으며, 사대가 움직이지 않으므로 각성이 평등하여 움직이지 않으며, 이와 같이 팔만사천 다라니문이 평등하여 평등하여 움직이지 않는 줄을 알지니라.

선남자여, 각성이 두루 차고 청정하며 움직이지 않고 원만해 끝이 없으므로 육근六

根이 법계에 가득한 것임을 알라. 육근이
두루 차므로 육진六塵이 법계에 두루 참을
알고, 육진이 두루 차므로 사대가 법계에
두루 차며, 이와 같이 다라니문이 법계에
두루 찬 것인 줄을 알지니라.

선남자여, 미묘한 각성覺性이 두루 차므로
말미암아 근성根性과 진성塵性이 무너짐도
없고 뒤섞임도 없으며, 근과 진이 무너짐이
없으므로 다라니문이 무너짐도 뒤섞임도
없는 것이니라. 마치 백천 등불이 한 방에
비치면 그 불빛이 두루 가득하여 무너짐도
뒤섞임도 없는 것과 같느니라.

선남자여, 깨달음을 성취한 보살은 법에 얽
매이지도 않고, 법에서 벗어나기를 구하지
도 않으며, 나고 죽는 것을 싫어하지도 않
고, 열반을 좋아하지도 않으며, 계행 가지
는 것을 공경하지도 않고, 파계를 미워하지

도 않으며, 오래 공부한 이를 소중히 여기지도 않고, 처음 공부한 이를 깔보지도 않나니, 왜냐 하면 온갖 것이 모두 원각이기 때문이니라. 이를테면 안광眼光이 앞을 비춤에 그 빛은 원만하여 사랑도 미움도 없는 것과 같으니, 그것은 광명 자체는 둘이 아니어서 사랑과 미움이 없기 때문이니라.

선남자여, 보살과 말세 중생이 이 마음을 닦아 성취하면 여기에는 닦을 것도 없고 성취할 것도 없으리니, 원각이 널리 비추고 적멸寂滅해서 차별이 없느니라.

이 가운데에서는 백천만억 아승지 말할 수 없는 항하의 모래 수 같은 모든 부처님 세계가 마치 허공꽃空華이 어지럽게 일어나고 스러지는 것 같아서, 즉卽하지도 여의지도 않으며 얽매임도 풀림도 없으리니, 중생이 본래 부처이고 생사와 열반이 지난

사
경
본
44

밤 꿈과 같은 줄을 알 것이니라.

선남자여, 지난밤 꿈같으므로 생사와 열반이 일어나는 것도 없고 없어지는 것도 없으며, 오는 것도 없고 가는 것도 없느니라. 증득된 바가 얻을 것도 없고 잃을 것도 없으며, 취할 것도 없고 버릴 것도 없느니라. 또한 증득한 이가 일으킬 것作도 없고 멈출 것止도 없으며, 맡길 것任도 없고 멸할 것滅도 없느니라.

이와 같은 증證 가운데는 능能도 없고 소所도 없어 마침내 증할 것도 없고 증할 이도 없어서, 모든 법의 성품이 평등하여 무너지지 않느니라.

선남자여, 모든 보살들이 이렇게 닦을 것이며, 이러한 차례이며, 이렇게 생각할 것이며, 이렇게 머물러 가질 것이며, 이러한 방편이며, 이렇게 깨달으므로, 이와 같은 법

을 구하면 아득하거나 답답하지 않으리라.

이때 세존은 이런 뜻을 거듭 펴시려고
게송으로 말씀하시었다.

보안이여, 그대 마땅히 알라.
시방세계 모든 중생들
몸과 마음 죄다 환幻과 같아서

몸뚱이는 사대四大로 이루어지고
마음은 육진六塵에 돌아감이라.
사대 뿔뿔이 흩어지고 말면
어느 것이 화합된 것이런가.

이와 같이 차례로 닦아 나가면
모든 것이 두루 청정하여서
움쩍 않고 온 법계에 두루하리라.

짓고 그치고 맡기고 멸할 것 없고

또한 증할 이도 없는 것이니

모든 부처님 세상일지라도

허공에 아물거리는 꽃과 같으리.

삼세三世가 모두 평등함이라.

마침내 오고 감도 없는 것.

처음으로 마음 낸 보살이나

말세의 모든 중생들이

부처의 길에 들고자 한다면

이와 같이 닦고 익힐지니라.

원각경 보안보살장

보안보살이 대중 가운데 있다가 자리에서
일어나 부처님 발에 절하고 바른편으로 세
번 돌고 무릎을 꿇어 합장하고 부처님께
여쭈었다.

자비하신 세존이시여, 여기 모인 여러 보
살들과 말세의 모든 중생들을 위하여 보살
이 수행할 차례를 말씀해 주옵소서. 어떻
게 생각하고 어떻게 머무를 것이며, 중생
들이 깨치지 못하면 어떠한 방편을 써야
널리 깨치도록 하겠나이까?

세존이시여, 만약 중생들이 바른 방편과
바른 생각이 없으면, 부처님이 말씀하신

삼매三昧를 듣고도 마음이 아득하여 원각
圓覺에 들어갈 수 없을 것이옵니다.
원컨대 자비를 드리우사 저희 무리들과
말세 중생들을 위하여 짐짓 방편을 말씀
해 주소서.
이 말을 하고 오체를 땅에 던져 이와 같이
세 번 청하였다.
이때 부처님은 보안보살에게 말씀하시었다.
착하도다 착하도다. 선남자여, 그대들이
이제 보살들과 말세 중생을 위하여 여래의
수행의 차례와 생각과 머무름과 가지가지
방편을 묻는구나. 그럼 자세히 들어라. 그
대들을 위해 말하겠노라.
보안보살은 분부를 받들고 기뻐하여 대중
들과 함께 조용히 듣고 있었다.
선남자여, 새로 공부하는 보살과 말세 중생
이 여래의 청정한 원각심圓覺心을 구하려

면, 생각을 바르게 하여 모든 환幻을 멀리 여의어야 할 것이니라. 먼저 여래의 사마타 행을 의지하여 계율을 굳게 가지고, 대중 가운데서 안정되게 지내며, 고요한 방에 잠자코 앉아 항상 이런 생각을 하라.

지금 내 이 몸뚱이는 사대四大가 화합하여 된 것이다. 터럭·이·손톱·발톱·살갗·근육·뼈·골수·때·빛깔은 다 흙으로 돌아갈 것이고, 침·콧물·고름·피·진액·거품·담·눈물·정기·대소변은 다 물로 돌아갈 것이며, 더운 기운은 불로 돌아갈 것이고, 움직이는 것은 바람으로 돌아갈 것이다.

사대四大가 뿔뿔이 흩어지면 이제 이 허망한 몸뚱이는 어디에 있을 것인가 곧 알라. 이 몸은 마침내 자체가 없는 것이고 화합하여 형상이 이루어졌으나 사실은 환幻으로 된 것과 같다.

네 가지 인연이 거짓으로 모여 망령되이 육근六根이 있게 된 것이니라. 육근과 사대가 안팎으로 합하여 이루어졌는데 허망되이 인연 기운이 그 안에 쌓이고 모여 인연상因緣相이 있는 듯한 것을 이름 하여 마음이라 하느니라.

선남자여, 이 허망한 마음이 만약 육진六塵이 없으면 있지 못할 것이고, 사대가 흩어지면 육진도 얻지 못할 것이니라. 이 가운데 인연과 티끌이 뿔뿔이 흩어져 없어지면, 마침내 인연의 마음도 볼 수 없으리라.

선남자여, 중생들은 환幻인 몸뚱이가 멸하므로 환인 마음도 멸하고, 환인 마음이 멸하므로 환인 경계도 멸하고, 환인 경계가 멸하므로 환의 멸도 또한 멸하고, 환의 멸이 멸하므로 환 아닌 것은 멸하지 않나니,

이를테면 거울에 때가 없어지면 광명이 나타나는 것과 같느니라.

선남자여, 몸과 마음이 다 환의 때이니, 때가 아주 없어지면 시방세계가 청정함을 알지니라. 마치 깨끗한 마니보주가 오색에 비추이자 그 빛에 따라 각기 달리 나타나는 것이어늘, 어리석은 사람들은 그 보배 구슬에 실제로 오색이 있는 줄 아는 것과 같느니라.

선남자여, 원각인 청정한 성품이 몸과 마음으로 나투어 종류를 따라 각기 응하거늘, 어리석은 사람들은 청정한 원각에 실제로 이런 몸과 마음의 모양이 있다고 말하는 것도 또한 그와 같은 것이니라. 이로 말미암아 환화幻化를 멀리할 수 없으므로, 나는 몸과 마음을 〈환의 때〉라고 하노니, 환의 때垢를 대하여 이를 여의면 보살이라

사
경
본

52

이름할 수 있느니라. 때가 다하여 대할 것
도 없어지면 대對도 때垢도 없고 대니 때
니 하는 이름도 없느니라.

선남자여, 이 보살과 말세 중생들이 모든
환幻을 증득하여 영상影像이 멸해 버렸기
때문에 이때에 문득 끝없는 청정함을 얻나니,
가없는 허공도 원각의 나타난 바니라.

그 깨달음이 원만하고 밝으므로 마음의 청
정이 나타나고, 마음이 청정하므로 보이는
경계가 청정하고, 보이는 것이 청정하므로
눈이 청정하고, 눈이 청정하므로 보는 알
음알이가 청정하고, 알음알이가 청정하므
로 들리는 경계가 청정하고, 들리는 것이
청정하므로 귀가 청정하고, 귀가 청정하므
로 듣는 알음알이가 청정하고, 알음알이가
청정하므로 느낌의 경계가 청정하고, 그리
하여 코·혀·몸뚱이·뜻에 있어서도 또

한 이와 같느니라.

선남자여, 눈이 청정하므로 빛이 청정하고, 빛이 청정하므로 소리가 청정하며, 향기와 맛과 감촉과 법진法塵도 또한 이와 같느니라.

선남자여, 육진六塵이 청정하므로 지대地大가 청정하고, 지대가 청정하므로 수대水大가 청정하며, 화대火大·풍대風大도 이와 같느니라.

선남자여, 사대四大가 청정하므로 십이처十二處와 십팔계十八界와 이십오유二十五有가 청정하느니라. 이들이 청정하기 때문에 십력十力과 사무소외四無所畏와 사무애지四無碍智와 불십팔불공佛十八不共法과 삼십칠조도품三十七助道品이 청정하며, 이와 같이 팔만사천 다라니문도 죄다 청정하느니라.

선남자여, 모든 실상實相은 성품이 청정하

기 때문에 한 몸-身이 청정하고, 한 몸이 청정하므로 여러 몸이 청정하며, 여러 몸이 청정하므로 시방十方 중생의 원각도 청정하느니라.

선남자여, 한 세계가 청정하므로 여러 세계가 청정하고, 여러 세계가 청정하므로 마침내는 허공을 다하고 삼세三世를 두루 싸서 모든 것이 평등하고 청정해서 움직이지 않느니라.

선남자여, 허공이 이와 같이 평등하여 움직이지 않기 때문에 각성覺性이 평등하여 움직이지 않으며, 사대가 움직이지 않으므로 각성이 평등하여 움직이지 않으며, 이와 같이 팔만사천 다라니문이 평등하여 평등하여 움직이지 않는 줄을 알지니라.

선남자여, 각성이 두루 차고 청정하며 움직이지 않고 원만해 끝이 없으므로 육근六

根이 법계에 가득한 것임을 알라. 육근이 두루 차므로 육진六塵이 법계에 두루 참을 알고, 육진이 두루 차므로 사대가 법계에 두루 차며, 이와 같이 다라니문이 법계에 두루 찬 것인 줄을 알지니라.

선남자여, 미묘한 각성覺性이 두루 차므로 말미암아 근성根性과 진성塵性이 무너짐도 없고 뒤섞임도 없으며, 근과 진이 무너짐이 없으므로 다라니문이 무너짐도 뒤섞임도 없는 것이니라. 마치 백천 등불이 한 방에 비치면 그 불빛이 두루 가득하여 무너짐도 뒤섞임도 없는 것과 같느니라.

선남자여, 깨달음을 성취한 보살은 법에 얽매이지도 않고, 법에서 벗어나기를 구하지도 않으며, 나고 죽는 것을 싫어하지도 않고, 열반을 좋아하지도 않으며, 계행 가지는 것을 공경하지도 않고, 파계를 미워하지

도 않으며, 오래 공부한 이를 소중히 여기
지도 않고, 처음 공부한 이를 깔보지도 않
나니, 왜냐 하면 온갖 것이 모두 원각이기
때문이니라. 이를테면 안광眼光이 앞을 비
춤에 그 빛은 원만하여 사랑도 미움도 없는
것과 같으니, 그것은 광명 자체는 둘이 아
니어서 사랑과 미움이 없기 때문이니라.
선남자여, 보살과 말세 중생이 이 마음을
닦아 성취하면 여기에는 닦을 것도 없고
성취할 것도 없으리니, 원각이 널리 비추
고 적멸해서 차별이 없느니라.
이 가운데에서는 백천만억 아승지 말할 수
없는 항하의 모래 수 같은 모든 부처님 세
계가 마치 허공꽃空華이 어지럽게 일어나
고 스러지는 것 같아서, 즉卽하지도 여의
지도 않으며 얽매임도 풀림도 없으리니,
중생이 본래 부처이고 생사와 열반이 지난

밤 꿈과 같은 줄을 알 것이니라.

선남자여, 지난밤 꿈같으므로 생사와 열반이 일어나는 것도 없고 없어지는 것도 없으며, 오는 것도 없고 가는 것도 없느니라. 증득된 바가 얻을 것도 없고 잃을 것도 없으며, 취할 것도 없고 버릴 것도 없느니라. 또한 증득한 이가 일으킬 것作도 없고 멈출 것止도 없으며, 맡길 것任도 없고 멸할 것滅도 없느니라.

이와 같은 증證 가운데는 능能도 없고 소所도 없어 마침내 증할 것도 없고 증할 이도 없어서, 모든 법의 성품이 평등하여 무너지지 않느니라.

선남자여, 모든 보살들이 이렇게 닦을 것이며, 이러한 차례이며, 이렇게 생각할 것이며, 이렇게 머물러 가질 것이며, 이러한 방편이며, 이렇게 깨달으므로, 이와 같은 법

을 구하면 아득하거나 답답하지 않으리라.
이때 세존은 이런 뜻을 거듭 펴시려고
게송으로 말씀하시었다.

보안이여, 그대 마땅히 알라.
시방세계 모든 중생들
몸과 마음 죄다 환幻과 같아서

몸뚱이는 사대四大로 이루어지고
마음은 육진六塵에 돌아감이라.
사대 뿔뿔이 흩어지고 말면
어느 것이 화합된 것이런가.

이와 같이 차례로 닦아 나가면
모든 것이 두루 청정하여서
움쩍 않고 온 법계에 두루하리라.

짓고 그치고 맡기고 멸할 것 없고

또한 증할 이도 없는 것이니

모든 부처님 세상일지라도

허공에 아물거리는 꽃과 같으리.

삼세三世가 모두 평등함이라.

마침내 오고 감도 없는 것.

처음으로 마음 낸 보살이나

말세의 모든 중생들이

부처의 길에 들고자 한다면

이와 같이 닦고 익힐지니라.

불기 25 년 월 일 불자   사경

원각경 보안보살장

보안보살이 대중 가운데 있다가 자리에서 일어나 부처님 발에 절하고 바른편으로 세 번 돌고 무릎을 꿇어 합장하고 부처님께 여쭈었다.

자비하신 세존이시여, 여기 모인 여러 보살들과 말세의 모든 중생들을 위하여 보살이 수행할 차례를 말씀해 주옵소서. 어떻게 생각하고 어떻게 머무를 것이며, 중생들이 깨치지 못하면 어떠한 방편을 써야 널리 깨치도록 하겠나이까?

세존이시여, 만약 중생들이 바른 방편과 바른 생각이 없으면, 부처님이 말씀하신

삼매三昧를 들고도 마음이 아득하여 원각
圓覺에 들어갈 수 없을 것이옵니다.

원컨대 자비를 드리우사 저희 무리들과
말세 중생들을 위하여 짐짓 방편을 말씀
해 주소서.

이 말을 하고 오체를 땅에 던져 이와 같이
세 번 청하였다.

이때 부처님은 보안보살에게 말씀하시었다.

착하도다 착하도다. 선남자여, 그대들이
이제 보살들과 말세 중생을 위하여 여래의
수행의 차례와 생각과 머무름과 가지가지
방편을 묻는구나. 그럼 자세히 들어라. 그
대들을 위해 말하겠노라.

보안보살은 분부를 받들고 기뻐하여 대중
들과 함께 조용히 듣고 있었다.

선남자여, 새로 공부하는 보살과 말세 중생
이 여래의 청정한 원각심圓覺心을 구하려

면, 생각을 바르게 하여 모든 환幻을 멀리

여의어야 할 것이니라. 먼저 여래의 사마타

행을 의지하여 계율을 굳게 가지고, 대중

가운데서 안정되게 지내며, 고요한 방에 잠

자코 앉아 항상 이런 생각을 하라.

지금 내 이 몸뚱이는 사대四大가 화합하여

된 것이다. 터럭·이·손톱·발톱·살갗·

근육·뼈·골수·때·빛깔은 다 흙으로 돌

아갈 것이고, 침·콧물·고름·피·진액·

거품·담·눈물·정기·대소변은 다 물로

돌아갈 것이며, 더운 기운은 불로 돌아갈

것이고, 움직이는 것은 바람으로 돌아갈

것이다.

사대四大가 뿔뿔이 흩어지면 이제 이 허망

한 몸뚱이는 어디에 있을 것인가 곧 알라.

이 몸은 마침내 자체가 없는 것이고 화합

하여 형상이 이루어졌으나 사실은 환幻으

로 된 것과 같다.

네 가지 인연이 거짓으로 모여 망령되이 육근六根이 있게 된 것이니라. 육근과 사대가 안팎으로 합하여 이루어졌는데 허망되이 인연 기운이 그 안에 쌓이고 모여 인연상因緣相이 있는 듯한 것을 이름 하여 마음이라 하느니라.

선남자여, 이 허망한 마음이 만약 육진六塵이 없으면 있지 못할 것이고, 사대가 흩어지면 육진도 얻지 못할 것이니라. 이 가운데 인연과 티끌이 뿔뿔이 흩어져 없어지면, 마침내 인연의 마음도 볼 수 없으리라.

선남자여, 중생들은 환幻인 몸뚱이가 멸하므로 환인 마음도 멸하고, 환인 마음이 멸하므로 환인 경계도 멸하고, 환인 경계가 멸하므로 환의 멸도 또한 멸하고, 환의 멸이 멸하므로 환 아닌 것은 멸하지 않나니,

이를테면 거울에 때가 없어지면 광명이 나타나는 것과 같느니라.

선남자여, 몸과 마음이 다 환의 때이니, 때가 아주 없어지면 시방세계가 청정함을 알지니라. 마치 깨끗한 마니보주가 오색에 비추이자 그 빛에 따라 각기 달리 나타나는 것이어늘, 어리석은 사람들은 그 보배 구슬에 실제로 오색이 있는 줄 아는 것과 같느니라.

선남자여, 원각인 청정한 성품이 몸과 마음으로 나투어 종류를 따라 각기 응하거늘, 어리석은 사람들은 청정한 원각에 실제로 이런 몸과 마음의 모양이 있다고 말하는 것도 또한 그와 같은 것이니라. 이로 말미암아 환화幻化를 멀리할 수 없으므로, 나는 몸과 마음을 〈환의 때〉라고 하노니, 환의 때垢를 대하여 이를 여의면 보살이라

이름할 수 있느니라. 때가 다하여 대할 것
도 없어지면 대對도 때垢도 없고 대니 때
니 하는 이름도 없느니라.

선남자여, 이 보살과 말세 중생들이 모든
환幻을 증득하여 영상影像이 멸해 버렸기
때문에 이때에 문득 끝없는 청정함을 얻나니,
가없는 허공도 원각의 나타난 바니라.

그 깨달음이 원만하고 밝으므로 마음의 청
정이 나타나고, 마음이 청정하므로 보이는
경계가 청정하고, 보이는 것이 청정하므로
눈이 청정하고, 눈이 청정하므로 보는 알
음알이가 청정하고, 알음알이가 청정하므
로 들리는 경계가 청정하고, 들리는 것이
청정하므로 귀가 청정하고, 귀가 청정하므
로 듣는 알음알이가 청정하고, 알음알이가
청정하므로 느낌의 경계가 청정하고, 그리
하여 코·혀·몸뚱이·뜻에 있어서도 또

한 이와 같느니라.

선남자여, 눈이 청정하므로 빛이 청정하고, 빛이 청정하므로 소리가 청정하며, 향기와 맛과 감촉과 법진法塵도 또한 이와 같느니라.

선남자여, 육진六塵이 청정하므로 지대地大가 청정하고, 지대가 청정하므로 수대水大가 청정하며, 화대火大·풍대風大도 이와 같느니라.

선남자여, 사대四大가 청정하므로 십이처十二處와 십팔계十八界와 이십오유二十五有가 청정하느니라. 이들이 청정하기 때문에 십력十力과 사무소외四無所畏와 사무애지四無碍智와 불십팔불공佛十八不共法과 삼십칠조도품三十七助道品이 청정하며, 이와 같이 팔만사천 다라니문도 죄다 청정하느니라.

선남자여, 모든 실상實相은 성품이 청정하

기 때문에 한 몸一身이 청정하고, 한 몸이
청정하므로 여러 몸이 청정하며, 여러 몸
이 청정하므로 시방十方 중생의 원각도 청
정하느니라.

선남자여, 한 세계가 청정하므로 여러 세
계가 청정하고, 여러 세계가 청정하므로
마침내는 허공을 다하고 삼세三世를 두루
싸서 모든 것이 평등하고 청정해서 움직이
지 않느니라.

선남자여, 허공이 이와 같이 평등하여 움
직이지 않기 때문에 각성覺性이 평등하여
움직이지 않으며, 사대가 움직이지 않으므
로 각성이 평등하여 움직이지 않으며, 이
와 같이 팔만사천 다라니문이 평등하여 평
등하여 움직이지 않는 줄을 알지니라.

선남자여, 각성이 두루 차고 청정하며 움
직이지 않고 원만해 끝이 없으므로 육근六

根이 법계에 가득한 것임을 알라. 육근이

두루 차므로 육진六塵이 법계에 두루 참을

알고, 육진이 두루 차므로 사대가 법계에

두루 차며, 이와 같이 다라니문이 법계에

두루 찬 것인 줄을 알지니라.

선남자여, 미묘한 각성覺性이 두루 차므로

말미암아 근성根性과 진성塵性이 무너짐도

없고 뒤섞임도 없으며, 근과 진이 무너짐이

없으므로 다라니문이 무너짐도 뒤섞임도

없는 것이니라. 마치 백천 등불이 한 방에

비치면 그 불빛이 두루 가득하여 무너짐도

뒤섞임도 없는 것과 같느니라.

선남자여, 깨달음을 성취한 보살은 법에 얽

매이지도 않고, 법에서 벗어나기를 구하지

도 않으며, 나고 죽는 것을 싫어하지도 않

고, 열반을 좋아하지도 않으며, 계행 가지

는 것을 공경하지도 않고, 파계를 미워하지

도 않으며, 오래 공부한 이를 소중히 여기
지도 않고, 처음 공부한 이를 깔보지도 않
나니, 왜냐 하면 온갖 것이 모두 원각이기
때문이니라. 이를테면 안광眼光이 앞을 비
춤에 그 빛은 원만하여 사랑도 미움도 없는
것과 같으니, 그것은 광명 자체는 둘이 아
니어서 사랑과 미움이 없기 때문이니라.
선남자여, 보살과 말세 중생이 이 마음을
닦아 성취하면 여기에는 닦을 것도 없고
성취할 것도 없으리니, 원각이 널리 비추
고 적멸해서 차별이 없느니라.
이 가운데에서는 백천만억 아승지 말할 수
없는 항하의 모래 수 같은 모든 부처님 세
계가 마치 허공꽃空華이 어지럽게 일어나
고 스러지는 것 같아서, 즉卽하지도 여의
지도 않으며 얽매임도 풀림도 없으리니,
중생이 본래 부처이고 생사와 열반이 지난

밤 꿈과 같은 줄을 알 것이니라.

선남자여, 지난밤 꿈같으므로 생사와 열반이 일어나는 것도 없고 없어지는 것도 없으며, 오는 것도 없고 가는 것도 없느니라. 증득된 바가 얻을 것도 없고 잃을 것도 없으며, 취할 것도 없고 버릴 것도 없느니라. 또한 증득한 이가 일으킬 것 作도 없고 멈출 것 止도 없으며, 맡길 것 任도 없고 멸할 것 滅도 없느니라.

이와 같은 증證 가운데는 능能도 없고 소所도 없어 마침내 증할 것도 없고 증할 이도 없어서, 모든 법의 성품이 평등하여 무너지지 않느니라.

선남자여, 모든 보살들이 이렇게 닦을 것이며, 이러한 차례이며, 이렇게 생각할 것이며, 이렇게 머물러 가질 것이며, 이러한 방편이며, 이렇게 깨달으므로, 이와 같은 법

을 구하면 아득하거나 답답하지 않으리라.

이때 세존은 이런 뜻을 거듭 펴시려고
게송으로 말씀하시었다.

보안이여, 그대 마땅히 알라.
시방세계 모든 중생들
몸과 마음 죄다 환幻과 같아서

몸뚱이는 사대四大로 이루어지고
마음은 육진六塵에 돌아감이라.
사대 뿔뿔이 흩어지고 말면
어느 것이 화합된 것이런가.

이와 같이 차례로 닦아 나가면
모든 것이 두루 청정하여서
옴쩍 않고 온 법계에 두루하리라.

짓고 그치고 맡기고 멸할 것 없고

또한 증할 이도 없는 것이니

모든 부처님 세상일지라도

허공에 아물거리는 꽃과 같으리.

삼세三世가 모두 평등함이라.

마침내 오고 감도 없는 것.

처음으로 마음 낸 보살이나

말세의 모든 중생들이

부처의 길에 들고자 한다면

이와 같이 닦고 익힐지니라.

원각경 보안보살장

보안보살이 대중 가운데 있다가 자리에서 일어나 부처님 발에 절하고 바른편으로 세 번 돌고 무릎을 꿇어 합장하고 부처님께 여쭈었다.

자비하신 세존이시여, 여기 모인 여러 보살들과 말세의 모든 중생들을 위하여 보살이 수행할 차례를 말씀해 주옵소서. 어떻게 생각하고 어떻게 머무를 것이며, 중생들이 깨치지 못하면 어떠한 방편을 써야 널리 깨치도록 하겠나이까?

세존이시여, 만약 중생들이 바른 방편과 바른 생각이 없으면, 부처님이 말씀하신

삼매三昧를 듣고도 마음이 아득하여 원각圓覺에 들어갈 수 없을 것이옵니다.

원컨대 자비를 드리우사 저희 무리들과 말세 중생들을 위하여 짐짓 방편을 말씀해 주소서.

이 말을 하고 오체를 땅에 던져 이와 같이 세 번 청하였다.

이때 부처님은 보안보살에게 말씀하시었다.

착하도다 착하도다. 선남자여, 그대들이 이제 보살들과 말세 중생을 위하여 여래의 수행의 차례와 생각과 머무름과 가지가지 방편을 묻는구나. 그럼 자세히 들어라. 그대들을 위해 말하겠노라.

보안보살은 분부를 받들고 기뻐하여 대중들과 함께 조용히 듣고 있었다.

선남자여, 새로 공부하는 보살과 말세 중생이 여래의 청정한 원각심圓覺心을 구하려

면, 생각을 바르게 하여 모든 환幻을 멀리

여의어야 할 것이니라. 먼저 여래의 사마타

행을 의지하여 계율을 굳게 가지고, 대중

가운데서 안정되게 지내며, 고요한 방에 잠

자코 앉아 항상 이런 생각을 하라.

지금 내 이 몸뚱이는 사대四大가 화합하여

된 것이다. 터럭·이·손톱·발톱·살갗·

근육·뼈·골수·때·빛깔은 다 흙으로 돌

아갈 것이고, 침·콧물·고름·피·진액·

거품·담·눈물·정기·대소변은 다 물로

돌아갈 것이며, 더운 기운은 불로 돌아갈

것이고, 움직이는 것은 바람으로 돌아갈

것이다.

사대四大가 뿔뿔이 흩어지면 이제 이 허망

한 몸뚱이는 어디에 있을 것인가 곧 알라.

이 몸은 마침내 자체가 없는 것이고 화합

하여 형상이 이루어졌으나 사실은 환幻으

로 된 것과 같다.

네 가지 인연이 거짓으로 모여 망령되이 육근六根이 있게 된 것이니라. 육근과 사대가 안팎으로 합하여 이루어졌는데 허망되이 인연 기운이 그 안에 쌓이고 모여 인연상因緣相이 있는 듯한 것을 이름하여 마음이라 하느니라.

선남자여, 이 허망한 마음이 만약 육진六塵이 없으면 있지 못할 것이고, 사대가 흘어지면 육진도 얻지 못할 것이니라. 이 가운데 인연과 티끌이 뿔뿔이 흩어져 없어지면, 마침내 인연의 마음도 볼 수 없으리라.

선남자여, 중생들은 환幻인 몸뚱이가 멸하므로 환인 마음도 멸하고, 환인 마음이 멸하므로 환인 경계도 멸하고, 환인 경계가 멸하므로 환의 멸도 또한 멸하고, 환의 멸이 멸하므로 환 아닌 것은 멸하지 않나니,

이를테면 거울에 때가 없어지면 광명이 나타나는 것과 같느니라.

선남자여, 몸과 마음이 다 환의 때이니, 때가 아주 없어지면 시방세계가 청정함을 알지니라. 마치 깨끗한 마니보주가 오색에 비추이자 그 빛에 따라 각기 달리 나타나는 것이어늘, 어리석은 사람들은 그 보배 구슬에 실제로 오색이 있는 줄 아는 것과 같느니라.

선남자여, 원각인 청정한 성품이 몸과 마음으로 나투어 종류를 따라 각기 응하거늘, 어리석은 사람들은 청정한 원각에 실제로 이런 몸과 마음의 모양이 있다고 말하는 것도 또한 그와 같은 것이니라. 이로 말미암아 환화幻化를 멀리할 수 없으므로, 나는 몸과 마음을 〈환의 때〉라고 하노니, 환의 때垢를 대하여 이를 여의면 보살이라

이름할 수 있느니라. 때가 다하여 대할 것
도 없어지면 대對도 때垢도 없고 대니 때
니 하는 이름도 없느니라.

선남자여, 이 보살과 말세 중생들이 모든
환幻을 증득하여 영상影像이 멸해 버렸기
때문에 이때에 문득 끝없는 청정함을 얻나니,
가없는 허공도 원각의 나타난 바니라.

그 깨달음이 원만하고 밝으므로 마음의 청
정이 나타나고, 마음이 청정하므로 보이는
경계가 청정하고, 보이는 것이 청정하므로
눈이 청정하고, 눈이 청정하므로 보는 알
음알이가 청정하고, 알음알이가 청정하므
로 들리는 경계가 청정하고, 들리는 것이
청정하므로 귀가 청정하고, 귀가 청정하므
로 듣는 알음알이가 청정하고, 알음알이가
청정하므로 느낌의 경계가 청정하고, 그리
하여 코·혀·몸뚱이·뜻에 있어서도 또

한 이와 같느니라.

선남자여, 눈이 청정하므로 빛이 청정하고, 빛이 청정하므로 소리가 청정하며, 향기와 맛과 감촉과 법진法塵도 또한 이와 같느니라.

선남자여, 육진六塵이 청정하므로 지대地大가 청정하고, 지대가 청정하므로 수대水大가 청정하며, 화대火大·풍대風大도 이와 같느니라.

선남자여, 사대四大가 청정하므로 십이처十二處와 십팔계十八界와 이십오유二十五有가 청정하느니라. 이들이 청정하기 때문에 십력十力과 사무소외四無所畏와 사무애지四無礙智와 불십팔불공佛十八不共法과 삼십칠조도품三十七助道品이 청정하며, 이와 같이 팔만사천 다라니문도 죄다 청정하느니라.

선남자여, 모든 실상實相은 성품이 청정하

기 때문에 한 몸一身이 청정하고, 한 몸이 청정하므로 여러 몸이 청정하며, 여러 몸이 청정하므로 시방十方 중생의 원각도 청정하느니라.

선남자여, 한 세계가 청정하므로 여러 세계가 청정하고, 여러 세계가 청정하므로 마침내는 허공을 다하고 삼세三世를 두루 싸서 모든 것이 평등하고 청정해서 움직이지 않느니라.

선남자여, 허공이 이와 같이 평등하여 움직이지 않기 때문에 각성覺性이 평등하여 움직이지 않으며, 사대가 움직이지 않으므로 각성이 평등하여 움직이지 않으며, 이와 같이 팔만사천 다라니문이 평등하여 평등하여 움직이지 않는 줄을 알지니라.

선남자여, 각성이 두루 차고 청정하며 움직이지 않고 원만해 끝이 없으므로 육근六

根이 법계에 가득한 것임을 알라. 육근이

두루 차므로 육진六塵이 법계에 두루 참을

알고, 육진이 두루 차므로 사대가 법계에

두루 차며, 이와 같이 다라니문이 법계에

두루 찬 것인 줄을 알지니라.

선남자여, 미묘한 각성覺性이 두루 차므로

말미암아 근성根性과 진성塵性이 무너짐도

없고 뒤섞임도 없으며, 근과 진이 무너짐이

없으므로 다라니문이 무너짐도 뒤섞임도

없는 것이니라. 마치 백천 등불이 한 방에

비치면 그 불빛이 두루 가득하여 무너짐도

뒤섞임도 없는 것과 같느니라.

선남자여, 깨달음을 성취한 보살은 법에 얽

매이지도 않고, 법에서 벗어나기를 구하지

도 않으며, 나고 죽는 것을 싫어하지도 않

고, 열반을 좋아하지도 않으며, 계행 가지

는 것을 공경하지도 않고, 파계를 미워하지

도 않으며, 오래 공부한 이를 소중히 여기지도 않고, 처음 공부한 이를 깔보지도 않나니, 왜냐 하면 온갖 것이 모두 원각이기 때문이니라. 이를테면 안광眼光이 앞을 비춤에 그 빛은 원만하여 사랑도 미움도 없는 것과 같으니, 그것은 광명 자체는 둘이 아니어서 사랑과 미움이 없기 때문이니라.

선남자여, 보살과 말세 중생이 이 마음을 닦아 성취하면 여기에는 닦을 것도 없고 성취할 것도 없으리니, 원각이 널리 비추고 적멸해서 차별이 없느니라.

이 가운데에서는 백천만억 아승지 말할 수 없는 항하의 모래 수 같은 모든 부처님 세계가 마치 허공꽃空華이 어지럽게 일어나고 스러지는 것 같아서, 즉卽하지도 여의지도 않으며 얽매임도 풀림도 없으리니, 중생이 본래 부처이고 생사와 열반이 지난

밤 꿈과 같은 줄을 알 것이니라.

선남자여, 지난밤 꿈같으므로 생사와 열반이 일어나는 것도 없고 없어지는 것도 없으며, 오는 것도 없고 가는 것도 없느니라. 증득된 바가 얻을 것도 없고 잃을 것도 없으며, 취할 것도 없고 버릴 것도 없느니라. 또한 증득한 이가 일으킬 것作도 없고 멈출 것止도 없으며, 맡길 것任도 없고 멸할 것滅도 없느니라.

이와 같은 증證 가운데는 능能도 없고 소所도 없어 마침내 증할 것도 없고 증할 이도 없어서, 모든 법의 성품이 평등하여 무너지지 않느니라.

선남자여, 모든 보살들이 이렇게 닦을 것이며, 이러한 차례이며, 이렇게 생각할 것이며, 이렇게 머물러 가질 것이며, 이러한 방편이며, 이렇게 깨달으므로, 이와 같은 법

을 구하면 아득하거나 답답하지 않으리라.

이때 세존은 이런 뜻을 거듭 펴시려고
게송으로 말씀하시었다.

보안이여, 그대 마땅히 알라.
시방세계 모든 중생들
몸과 마음 죄다 환幻과 같아서

몸뚱이는 사대四大로 이루어지고
마음은 육진六塵에 돌아감이라.
사대 뿔뿔이 흩어지고 말면
어느 것이 화합된 것이런가.

이와 같이 차례로 닦아 나가면
모든 것이 두루 청정하여서
움쩍 않고 온 법계에 두루하리라.

짓고 그치고 맡기고 멸할 것 없고

또한 증할 이도 없는 것이니

모든 부처님 세상일지라도

허공에 아물거리는 꽃과 같으리.

삼세三世가 모두 평등함이라.

마침내 오고 감도 없는 것.

처음으로 마음 낸 보살이나

말세의 모든 중생들이

부처의 길에 들고자 한다면

이와 같이 닦고 익힐지니라.

불기 25   년   월   일   불자   사경

원각경 보안보살장

보안보살이 대중 가운데 있다가 자리에서 일어나 부처님 발에 절하고 바른편으로 세 번 돌고 무릎을 끓어 합장하고 부처님께 여쭈었다.

자비하신 세존이시여, 여기 모인 여러 보살들과 말세의 모든 중생들을 위하여 보살이 수행할 차례를 말씀해 주옵소서. 어떻게 생각하고 어떻게 머무를 것이며, 중생들이 깨치지 못하면 어떠한 방편을 써야 널리 깨치도록 하겠나이까?

세존이시여, 만약 중생들이 바른 방편과 바른 생각이 없으면, 부처님이 말씀하신

삼매三昧를 들고도 마음이 아득하여 원각
圓覺에 들어갈 수 없을 것이옵니다.

원컨대 자비를 드리우사 저희 무리들과
말세 중생들을 위하여 짐짓 방편을 말씀
해 주소서.

이 말을 하고 오체를 땅에 던져 이와 같이
세 번 청하였다.

이때 부처님은 보안보살에게 말씀하시었다.

착하도다 착하도다. 선남자여, 그대들이
이제 보살들과 말세 중생을 위하여 여래의
수행의 차례와 생각과 머무름과 가지가지
방편을 묻는구나. 그럼 자세히 들어라. 그
대들을 위해 말하겠노라.

보안보살은 분부를 받들고 기뻐하여 대중
들과 함께 조용히 듣고 있었다.

선남자여, 새로 공부하는 보살과 말세 중생
이 여래의 청정한 원각심圓覺心을 구하려

면, 생각을 바르게 하여 모든 환幻을 멀리 여의어야 할 것이니라. 먼저 여래의 사마타 행을 의지하여 계율을 굳게 가지고, 대중 가운데서 안정되게 지내며, 고요한 방에 잠 자코 앉아 항상 이런 생각을 하라.

지금 내 이 몸뚱이는 사대四大가 화합하여 된 것이다. 터럭·이·손톱·발톱·살갗· 근육·뼈·골수·때·빛깔은 다 흙으로 돌 아갈 것이고, 침·콧물·고름·피·진액· 거품·담·눈물·정기·대소변은 다 물로 돌아갈 것이며, 더운 기운은 불로 돌아갈 것이고, 움직이는 것은 바람으로 돌아갈 것이다.

사대四大가 뿔뿔이 흩어지면 이제 이 허망 한 몸뚱이는 어디에 있을 것인가 곧 알라. 이 몸은 마침내 자체가 없는 것이고 화합 하여 형상이 이루어졌으나 사실은 환幻으

로 된 것과 같다.

네 가지 인연이 거짓으로 모여 망령되이 육근六根이 있게 된 것이니라. 육근과 사대가 안팎으로 합하여 이루어졌는데 허망되이 인연 기운이 그 안에 쌓이고 모여 인연상因緣相이 있는 듯한 것을 이름 하여 마음이라 하느니라.

선남자여, 이 허망한 마음이 만약 육진六塵이 없으면 있지 못할 것이고, 사대가 흩어지면 육진도 얻지 못할 것이니라. 이 가운데 인연과 티끌이 뿔뿔이 흩어져 없어지면, 마침내 인연의 마음도 볼 수 없으리라.

선남자여, 중생들은 환幻인 몸뚱이가 멸하므로 환인 마음도 멸하고, 환인 마음이 멸하므로 환인 경계도 멸하고, 환인 경계가 멸하므로 환의 멸도 또한 멸하고, 환의 멸이 멸하므로 환 아닌 것은 멸하지 않나니,

이를테면 거울에 때가 없어지면 광명이 나타나는 것과 같느니라.

선남자여, 몸과 마음이 다 환의 때이니, 때가 아주 없어지면 시방세계가 청정함을 알지니라. 마치 깨끗한 마니보주가 오색에 비추이자 그 빛에 따라 각기 달리 나타나는 것이어늘, 어리석은 사람들은 그 보배 구슬에 실제로 오색이 있는 줄 아는 것과 같느니라.

선남자여, 원각인 청정한 성품이 몸과 마음으로 나투어 종류를 따라 각기 응하거늘, 어리석은 사람들은 청정한 원각에 실제로 이런 몸과 마음의 모양이 있다고 말하는 것도 또한 그와 같은 것이니라. 이로 말미암아 환화幻化를 멀리할 수 없으므로, 나는 몸과 마음을 〈환의 때〉라고 하노니, 환의 때垢를 대하여 이를 여의면 보살이라

이름할 수 있느니라. 때가 다하여 대할 것
도 없어지면 대對도 때垢도 없고 대니 때
니 하는 이름도 없느니라.

선남자여, 이 보살과 말세 중생들이 모든
환幻을 증득하여 영상影像이 멸해 버렸기
때문에 이때에 문득 끝없는 청정함을 얻나니,
가없는 허공도 원각의 나타난 바니라.

그 깨달음이 원만하고 밝으므로 마음의 청
정이 나타나고, 마음이 청정하므로 보이는
경계가 청정하고, 보이는 것이 청정하므로
눈이 청정하고, 눈이 청정하므로 보는 알
음알이가 청정하고, 알음알이가 청정하므
로 들리는 경계가 청정하고, 들리는 것이
청정하므로 귀가 청정하고, 귀가 청정하므
로 듣는 알음알이가 청정하고, 알음알이가
청정하므로 느낌의 경계가 청정하고, 그리
하여 코·혀·몸뚱이·뜻에 있어서도 또

한 이와 같느니라.

선남자여, 눈이 청정하므로 빛이 청정하고, 빛이 청정하므로 소리가 청정하며, 향기와 맛과 감촉과 법진法塵도 또한 이와 같느니라.

선남자여, 육진六塵이 청정하므로 지대地大가 청정하고, 지대가 청정하므로 수대水大가 청정하며, 화대火大·풍대風大도 이와 같느니라.

선남자여, 사대四大가 청정하므로 십이처十二處와 십팔계十八界와 이십오유二十五有가 청정하느니라. 이들이 청정하기 때문에 십력十力과 사무소외四無所畏와 사무애지四無礙智와 불십팔불공佛十八不共法과 삼십칠조도품三十七助道品이 청정하며, 이와 같이 팔만사천 다라니문도 죄다 청정하느니라.

선남자여, 모든 실상實相은 성품이 청정하

기 때문에 한 몸一身이 청정하고, 한 몸이 청정하므로 여러 몸이 청정하며, 여러 몸이 청정하므로 시방十方 중생의 원각도 청정하느니라.

선남자여, 한 세계가 청정하므로 여러 세계가 청정하고, 여러 세계가 청정하므로 마침내는 허공을 다하고 삼세三世를 두루 싸서 모든 것이 평등하고 청정해서 움직이지 않느니라.

선남자여, 허공이 이와 같이 평등하여 움직이지 않기 때문에 각성覺性이 평등하여 움직이지 않으며, 사대가 움직이지 않으므로 각성이 평등하여 움직이지 않으며, 이와 같이 팔만사천 다라니문이 평등하여 평등하여 움직이지 않는 줄을 알지니라.

선남자여, 각성이 두루 차고 청정하며 움직이지 않고 원만해 끝이 없으므로 육근六

根이 법계에 가득한 것임을 알라. 육근이 두루 차므로 육진六塵이 법계에 두루 참을 알고, 육진이 두루 차므로 사대가 법계에 두루 차며, 이와 같이 다라니문이 법계에 두루 찬 것인 줄을 알지니라.

선남자여, 미묘한 각성覺性이 두루 차므로 말미암아 근성根性과 진성塵性이 무너짐도 없고 뒤섞임도 없으며, 근과 진이 무너짐이 없으므로 다라니문이 무너짐도 뒤섞임도 없는 것이니라. 마치 백천 등불이 한 방에 비치면 그 불빛이 두루 가득하여 무너짐도 뒤섞임도 없는 것과 같느니라.

선남자여, 깨달음을 성취한 보살은 법에 얽매이지도 않고, 법에서 벗어나기를 구하지도 않으며, 나고 죽는 것을 싫어하지도 않고, 열반을 좋아하지도 않으며, 계행 가지는 것을 공경하지도 않고, 파계를 미워하지

도 않으며, 오래 공부한 이를 소중히 여기
지도 않고, 처음 공부한 이를 깔보지도 않
나니, 왜냐 하면 온갖 것이 모두 원각이기
때문이니라. 이를테면 안광眼光이 앞을 비
춤에 그 빛은 원만하여 사랑도 미움도 없는
것과 같으니, 그것은 광명 자체는 둘이 아
니어서 사랑과 미움이 없기 때문이니라.
선남자여, 보살과 말세 중생이 이 마음을
닦아 성취하면 여기에는 닦을 것도 없고
성취할 것도 없으리니, 원각이 널리 비추
고 적멸해서 차별이 없느니라.
이 가운데에서는 백천만억 아승지 말할 수
없는 항하의 모래 수 같은 모든 부처님 세
계가 마치 허공꽃空華이 어지럽게 일어나
고 스러지는 것 같아서, 즉卽하지도 여의
지도 않으며 얽매임도 풀림도 없으리니,
중생이 본래 부처이고 생사와 열반이 지난

밤 꿈과 같은 줄을 알 것이니라.

선남자여, 지난밤 꿈같으므로 생사와 열반이 일어나는 것도 없고 없어지는 것도 없으며, 오는 것도 없고 가는 것도 없느니라. 증득된 바가 얻을 것도 없고 잃을 것도 없으며, 취할 것도 없고 버릴 것도 없느니라. 또한 증득한 이가 일으킬 것作도 없고 멈출 것止도 없으며, 맡길 것任도 없고 멸할 것滅도 없느니라.

이와 같은 증證 가운데는 능能도 없고 소所도 없어 마침내 증할 것도 없고 증할 이도 없어서, 모든 법의 성품이 평등하여 무너지지 않느니라.

선남자여, 모든 보살들이 이렇게 닦을 것이며, 이러한 차례이며, 이렇게 생각할 것이며, 이렇게 머물러 가질 것이며, 이러한 방편이며, 이렇게 깨달으므로, 이와 같은 법

을 구하면 아득하거나 답답하지 않으리라.

이때 세존은 이런 뜻을 거듭 펴시려고
게송으로 말씀하시었다.

보안이여, 그대 마땅히 알라.
시방세계 모든 중생들
몸과 마음 죄다 환幻과 같아서

몸뚱이는 사대四大로 이루어지고
마음은 육진六塵에 돌아감이라.
사대 뿔뿔이 흩어지고 말면
어느 것이 화합된 것이런가.

이와 같이 차례로 닦아 나가면
모든 것이 두루 청정하여서
움쩍 않고 온 법계에 두루하리라.

짓고 그치고 맡기고 멸할 것 없고

또한 증할 이도 없는 것이니

모든 부처님 세상일지라도

허공에 아물거리는 꽃과 같으리.

삼세三世가 모두 평등함이라.

마침내 오고 감도 없는 것.

처음으로 마음 낸 보살이나

말세의 모든 중생들이

부처의 길에 들고자 한다면

이와 같이 닦고 익힐지니라.

원각경 보안보살장

보안보살이 대중 가운데 있다가 자리에서 일어나 부처님 발에 절하고 바른편으로 세 번 돌고 무릎을 꿇어 합장하고 부처님께 여쭈었다.

자비하신 세존이시여, 여기 모인 여러 보살들과 말세의 모든 중생들을 위하여 보살이 수행할 차례를 말씀해 주옵소서. 어떻게 생각하고 어떻게 머무를 것이며, 중생들이 깨치지 못하면 어떠한 방편을 써야 널리 깨치도록 하겠나이까?

세존이시여, 만약 중생들이 바른 방편과 바른 생각이 없으면, 부처님이 말씀하신

삼매三昧를 듣고도 마음이 아득하여 원각

圓覺에 들어갈 수 없을 것이옵니다.

원컨대 자비를 드리우사 저희 무리들과

말세 중생들을 위하여 짐짓 방편을 말씀

해 주소서.

이 말을 하고 오체를 땅에 던져 이와 같이

세 번 청하였다.

이때 부처님은 보안보살에게 말씀하시었다.

착하도다 착하도다. 선남자여, 그대들이

이제 보살들과 말세 중생을 위하여 여래의

수행의 차례와 생각과 머무름과 가지가지

방편을 묻는구나. 그럼 자세히 들어라. 그

대들을 위해 말하겠노라.

보안보살은 분부를 받들고 기뻐하여 대중

들과 함께 조용히 듣고 있었다.

선남자여, 새로 공부하는 보살과 말세 중생

이 여래의 청정한 원각심圓覺心을 구하려

면, 생각을 바르게 하여 모든 환幻을 멀리
여의어야 할 것이니라. 먼저 여래의 사마타
행을 의지하여 계율을 굳게 가지고, 대중
가운데서 안정되게 지내며, 고요한 방에 잠
자코 앉아 항상 이런 생각을 하라.
지금 내 이 몸뚱이는 사대四大가 화합하여
된 것이다. 터럭·이·손톱·발톱·살갗·
근육·뼈·골수·때·빛깔은 다 흙으로 돌
아갈 것이고, 침·콧물·고름·피·진액·
거품·담·눈물·정기·대소변은 다 물로
돌아갈 것이며, 더운 기운은 불로 돌아갈
것이고, 움직이는 것은 바람으로 돌아갈
것이다.
사대四大가 뿔뿔이 흩어지면 이제 이 허망
한 몸뚱이는 어디에 있을 것인가 곧 알라.
이 몸은 마침내 자체가 없는 것이고 화합
하여 형상이 이루어졌으나 사실은 환幻으

로 된 것과 같다.

네 가지 인연이 거짓으로 모여 망령되이 육근六根이 있게 된 것이니라. 육근과 사대가 안팎으로 합하여 이루어졌는데 허망되이 인연 기운이 그 안에 쌓이고 모여 인연상因緣相이 있는 듯한 것을 이름하여 마음이라 하느니라.

선남자여, 이 허망한 마음이 만약 육진六塵이 없으면 있지 못할 것이고, 사대가 흩어지면 육진도 얻지 못할 것이니라. 이 가운데 인연과 티끌이 뿔뿔이 흩어져 없어지면, 마침내 인연의 마음도 볼 수 없으리라.

선남자여, 중생들은 환幻인 몸뚱이가 멸하므로 환인 마음도 멸하고, 환인 마음이 멸하므로 환인 경계도 멸하고, 환인 경계가 멸하므로 환의 멸도 또한 멸하고, 환의 멸이 멸하므로 환 아닌 것은 멸하지 않나니,

이를테면 거울에 때가 없어지면 광명이 나타나는 것과 같느니라.

선남자여, 몸과 마음이 다 환의 때이니, 때가 아주 없어지면 시방세계가 청정함을 알지니라. 마치 깨끗한 마니보주가 오색에 비추이자 그 빛에 따라 각기 달리 나타나는 것이어늘, 어리석은 사람들은 그 보배 구슬에 실제로 오색이 있는 줄 아는 것과 같느니라.

선남자여, 원각인 청정한 성품이 몸과 마음으로 나투어 종류를 따라 각기 응하거늘, 어리석은 사람들은 청정한 원각에 실제로 이런 몸과 마음의 모양이 있다고 말하는 것도 또한 그와 같은 것이니라. 이로 말미암아 환화幻化를 멀리할 수 없으므로, 나는 몸과 마음을 〈환의 때〉라고 하노니, 환의 때垢를 대하여 이를 여의면 보살이라

이름할 수 있느니라. 때가 다하여 대할 것
도 없어지면 대對도 때垢도 없고 대니 때
니 하는 이름도 없느니라.

선남자여, 이 보살과 말세 중생들이 모든
환幻을 증득하여 영상影像이 멸해 버렸기
때문에 이때에 문득 끝없는 청정함을 얻나니,
가없는 허공도 원각의 나타난 바니라.

그 깨달음이 원만하고 밝으므로 마음의 청
정이 나타나고, 마음이 청정하므로 보이는
경계가 청정하고, 보이는 것이 청정하므로
눈이 청정하고, 눈이 청정하므로 보는 알
음알이가 청정하고, 알음알이가 청정하므
로 들리는 경계가 청정하고, 들리는 것이
청정하므로 귀가 청정하고, 귀가 청정하므
로 듣는 알음알이가 청정하고, 알음알이가
청정하므로 느낌의 경계가 청정하고, 그리
하여 코·혀·몸뚱이·뜻에 있어서도 또

한 이와 같느니라.

선남자여, 눈이 청정하므로 빛이 청정하고, 빛이 청정하므로 소리가 청정하며, 향기와 맛과 감촉과 법진法塵도 또한 이와 같느니라.

선남자여, 육진六塵이 청정하므로 지대地大가 청정하고, 지대가 청정하므로 수대水大가 청정하며, 화대火大·풍대風大도 이와 같느니라.

선남자여, 사대四大가 청정하므로 십이처十二處와 십팔계十八界와 이십오유二十五有가 청정하느니라. 이들이 청정하기 때문에 십력十力과 사무소외四無所畏와 사무애지四無碍智와 불십팔불공佛十八不共法과 삼십칠조도품三十七助道品이 청정하며, 이와 같이 팔만사천 다라니문도 죄다 청정하느니라.

선남자여, 모든 실상實相은 성품이 청정하

기 때문에 한 몸—身이 청정하고, 한 몸이 청정하므로 여러 몸이 청정하며, 여러 몸이 청정하므로 시방十方 중생의 원각도 청정하느니라.

선남자여, 한 세계가 청정하므로 여러 세계가 청정하고, 여러 세계가 청정하므로 마침내는 허공을 다하고 삼세三世를 두루 싸서 모든 것이 평등하고 청정해서 움직이지 않느니라.

선남자여, 허공이 이와 같이 평등하여 움직이지 않기 때문에 각성覺性이 평등하여 움직이지 않으며, 사대가 움직이지 않으므로 각성이 평등하여 움직이지 않으며, 이와 같이 팔만사천 다라니문이 평등하여 평등하여 움직이지 않는 줄을 알지니라.

선남자여, 각성이 두루 차고 청정하며 움직이지 않고 원만해 끝이 없으므로 육근六

根이 법계에 가득한 것임을 알라. 육근이

두루 차므로 육진六塵이 법계에 두루 참을

알고, 육진이 두루 차므로 사대가 법계에

두루 차며, 이와 같이 다라니문이 법계에

두루 찬 것인 줄을 알지니라.

선남자여, 미묘한 각성覺性이 두루 차므로

말미암아 근성根性과 진성塵性이 무너짐도

없고 뒤섞임도 없으며, 근과 진이 무너짐이

없으므로 다라니문이 무너짐도 뒤섞임도

없는 것이니라. 마치 백천 등불이 한 방에

비치면 그 불빛이 두루 가득하여 무너짐도

뒤섞임도 없는 것과 같느니라.

선남자여, 깨달음을 성취한 보살은 법에 얽

매이지도 않고, 법에서 벗어나기를 구하지

도 않으며, 나고 죽는 것을 싫어하지도 않

고, 열반을 좋아하지도 않으며, 계행 가지

는 것을 공경하지도 않고, 파계를 미워하지

도 않으며, 오래 공부한 이를 소중히 여기지도 않고, 처음 공부한 이를 깔보지도 않나니, 왜냐 하면 온갖 것이 모두 원각이기 때문이니라. 이를테면 안광眼光이 앞을 비춤에 그 빛은 원만하여 사랑도 미움도 없는 것과 같으니, 그것은 광명 자체는 둘이 아니어서 사랑과 미움이 없기 때문이니라.

선남자여, 보살과 말세 중생이 이 마음을 닦아 성취하면 여기에는 닦을 것도 없고 성취할 것도 없으리니, 원각이 널리 비추고 적멸해서 차별이 없느니라.

이 가운데에서는 백천만억 아승지 말할 수 없는 항하의 모래 수 같은 모든 부처님 세계가 마치 허공꽃空華이 어지럽게 일어나고 스러지는 것 같아서, 즉卽하지도 여의지도 않으며 얽매임도 풀림도 없으리니, 중생이 본래 부처이고 생사와 열반이 지난

밤 꿈과 같은 줄을 알 것이니라.

선남자여, 지난밤 꿈같으므로 생사와 열반이 일어나는 것도 없고 없어지는 것도 없으며, 오는 것도 없고 가는 것도 없느니라. 증득된 바가 얻을 것도 없고 잃을 것도 없으며, 취할 것도 없고 버릴 것도 없느니라. 또한 증득한 이가 일으킬 것作도 없고 멈출 것止도 없으며, 맡길 것任도 없고 멸할 것滅도 없느니라.

이와 같은 증證 가운데는 능能도 없고 소所도 없어 마침내 증할 것도 없고 증할 이도 없어서, 모든 법의 성품이 평등하여 무너지지 않느니라.

선남자여, 모든 보살들이 이렇게 닦을 것이며, 이러한 차례이며, 이렇게 생각할 것이며, 이렇게 머물러 가질 것이며, 이러한 방편이며, 이렇게 깨달으므로, 이와 같은 법

을 구하면 아득하거나 답답하지 않으리라.

이때 세존은 이런 뜻을 거듭 펴시려고

게송으로 말씀하시었다.

보안이여, 그대 마땅히 알라.

시방세계 모든 중생들

몸과 마음 죄다 환幻과 같아서

몸뚱이는 사대四大로 이루어지고

마음은 육진六塵에 돌아감이라.

사대 뿔뿔이 흩어지고 말면

어느 것이 화합된 것이런가.

이와 같이 차례로 닦아 나가면

모든 것이 두루 청정하여서

움쩍 않고 온 법계에 두루하리라.

짓고 그치고 맡기고 멸할 것 없고

또한 증할 이도 없는 것이니

모든 부처님 세상일지라도

허공에 아물거리는 꽃과 같으리.

삼세三世가 모두 평등함이라.

마침내 오고 감도 없는 것.

처음으로 마음 낸 보살이나

말세의 모든 중생들이

부처의 길에 들고자 한다면

이와 같이 닦고 익힐지니라.

원각경 보안보살장

보안보살이 대중 가운데 있다가 자리에서 일어나 부처님 발에 절하고 바른편으로 세 번 돌고 무릎을 끓어 합장하고 부처님께 여쭈었다.

자비하신 세존이시여, 여기 모인 여러 보살들과 말세의 모든 중생들을 위하여 보살이 수행할 차례를 말씀해 주웁소서. 어떻게 생각하고 어떻게 머무를 것이며, 중생들이 깨치지 못하면 어떠한 방편을 써야 널리 깨치도록 하겠나이까?

세존이시여, 만약 중생들이 바른 방편과 바른 생각이 없으면, 부처님이 말씀하신

삼매三昧를 듣고도 마음이 아득하여 원각
圓覺에 들어갈 수 없을 것이옵니다.
원컨대 자비를 드리우사 저희 무리들과
말세 중생들을 위하여 짐짓 방편을 말씀
해 주소서.
이 말을 하고 오체를 땅에 던져 이와 같이
세 번 청하였다.
이때 부처님은 보안보살에게 말씀하시었다.
착하도다 착하도다. 선남자여, 그대들이
이제 보살들과 말세 중생을 위하여 여래의
수행의 차례와 생각과 머무름과 가지가지
방편을 묻는구나. 그럼 자세히 들어라. 그
대들을 위해 말하겠노라.
보안보살은 분부를 받들고 기뻐하여 대중
들과 함께 조용히 듣고 있었다.
선남자여, 새로 공부하는 보살과 말세 중생
이 여래의 청정한 원각심圓覺心을 구하려

면, 생각을 바르게 하여 모든 환幻을 멀리

여의어야 할 것이니라. 먼저 여래의 사마타

행을 의지하여 계율을 굳게 가지고, 대중

가운데서 안정되게 지내며, 고요한 방에 잠

자코 앉아 항상 이런 생각을 하라.

지금 내 이 몸뚱이는 사대四大가 화합하여

된 것이다. 터럭·이·손톱·발톱·살갗·

근육·뼈·골수·때·빛깔은 다 흙으로 돌

아갈 것이고, 침·콧물·고름·피·진액·

거품·담·눈물·정기·대소변은 다 물로

돌아갈 것이며, 더운 기운은 불로 돌아갈

것이고, 움직이는 것은 바람으로 돌아갈

것이다.

사대四大가 뿔뿔이 흩어지면 이제 이 허망

한 몸뚱이는 어디에 있을 것인가 곧 알라.

이 몸은 마침내 자체가 없는 것이고 화합

하여 형상이 이루어졌으나 사실은 환幻으

로 된 것과 같다.

네 가지 인연이 거짓으로 모여 망령되이 육근六根이 있게 된 것이니라. 육근과 사대가 안팎으로 합하여 이루어졌는데 허망되이 인연 기운이 그 안에 쌓이고 모여 인연상因緣相이 있는 듯한 것을 이름 하여 마음이라 하느니라.

선남자여, 이 허망한 마음이 만약 육진六塵이 없으면 있지 못할 것이고, 사대가 흩어지면 육진도 얻지 못할 것이니라. 이 가운데 인연과 티끌이 뿔뿔이 흩어져 없어지면, 마침내 인연의 마음도 볼 수 없으리라.

선남자여, 중생들은 환幻인 몸뚱이가 멸하므로 환인 마음도 멸하고, 환인 마음이 멸하므로 환인 경계도 멸하고, 환인 경계가 멸하므로 환의 멸도 또한 멸하고, 환의 멸이 멸하므로 환 아닌 것은 멸하지 않나니,

이를테면 거울에 때가 없어지면 광명이 나타나는 것과 같느니라.

선남자여, 몸과 마음이 다 환의 때이니, 때가 아주 없어지면 시방세계가 청정함을 알지니라. 마치 깨끗한 마니보주가 오색에 비추이자 그 빛에 따라 각기 달리 나타나는 것이어늘, 어리석은 사람들은 그 보배 구슬에 실제로 오색이 있는 줄 아는 것과 같느니라.

선남자여, 원각인 청정한 성품이 몸과 마음으로 나투어 종류를 따라 각기 응하거늘, 어리석은 사람들은 청정한 원각에 실제로 이런 몸과 마음의 모양이 있다고 말하는 것도 또한 그와 같은 것이니라. 이로 말미암아 환화幻化를 멀리할 수 없으므로, 나는 몸과 마음을 〈환의 때〉라고 하노니, 환의 때垢를 대하여 이를 여의면 보살이라

이름할 수 있느니라. 때가 다하여 대할 것
도 없어지면 대對도 때垢도 없고 대니 때
니 하는 이름도 없느니라.

선남자여, 이 보살과 말세 중생들이 모든
환幻을 증득하여 영상影像이 멸해 버렸기
때문에 이때에 문득 끝없는 청정함을 얻나니,
가없는 허공도 원각의 나타난 바니라.

그 깨달음이 원만하고 밝으므로 마음의 청
정이 나타나고, 마음이 청정하므로 보이는
경계가 청정하고, 보이는 것이 청정하므로
눈이 청정하고, 눈이 청정하므로 보는 알
음알이가 청정하고, 알음알이가 청정하므
로 들리는 경계가 청정하고, 들리는 것이
청정하므로 귀가 청정하고, 귀가 청정하므
로 듣는 알음알이가 청정하고, 알음알이가
청정하므로 느낌의 경계가 청정하고, 그리
하여 코·혀·몸뚱이·뜻에 있어서도 또

한 이와 같느니라.

선남자여, 눈이 청정하므로 빛이 청정하고, 빛이 청정하므로 소리가 청정하며, 향기와 맛과 감촉과 법진法塵도 또한 이와 같느니라.

선남자여, 육진六塵이 청정하므로 지대地大가 청정하고, 지대가 청정하므로 수대水大가 청정하며, 화대火大·풍대風大도 이와 같느니라.

선남자여, 사대四大가 청정하므로 십이처十二處와 십팔계十八界와 이십오유二十五有가 청정하느니라. 이들이 청정하기 때문에 십력十力과 사무소외四無所畏와 사무애지四無碍智와 불십팔불공佛十八不共法과 삼십칠조도품三十七助道品이 청정하며, 이와 같이 팔만사천 다라니문도 죄다 청정하느니라.

선남자여, 모든 실상實相은 성품이 청정하

기 때문에 한 몸—身이 청정하고, 한 몸이
청정하므로 여러 몸이 청정하며, 여러 몸
이 청정하므로 시방十方 중생의 원각도 청
정하느니라.

선남자여, 한 세계가 청정하므로 여러 세
계가 청정하고, 여러 세계가 청정하므로
마침내는 허공을 다하고 삼세三世를 두루
싸서 모든 것이 평등하고 청정해서 움직이
지 않느니라.

선남자여, 허공이 이와 같이 평등하여 움
직이지 않기 때문에 각성覺性이 평등하여
움직이지 않으며, 사대가 움직이지 않으므
로 각성이 평등하여 움직이지 않으며, 이
와 같이 팔만사천 다라니문이 평등하여 평
등하여 움직이지 않는 줄을 알지니라.

선남자여, 각성이 두루 차고 청정하며 움
직이지 않고 원만해 끝이 없으므로 육근六

根이 법계에 가득한 것임을 알라. 육근이 두루 차므로 육진六塵이 법계에 두루 참을 알고, 육진이 두루 차므로 사대가 법계에 두루 차며, 이와 같이 다라니문이 법계에 두루 찬 것인 줄을 알지니라.

선남자여, 미묘한 각성覺性이 두루 차므로 말미암아 근성根性과 진성塵性이 무너짐도 없고 뒤섞임도 없으며, 근과 진이 무너짐이 없으므로 다라니문이 무너짐도 뒤섞임도 없는 것이니라. 마치 백천 등불이 한 방에 비치면 그 불빛이 두루 가득하여 무너짐도 뒤섞임도 없는 것과 같느니라.

선남자여, 깨달음을 성취한 보살은 법에 얽매이지도 않고, 법에서 벗어나기를 구하지도 않으며, 나고 죽는 것을 싫어하지도 않고, 열반을 좋아하지도 않으며, 계행 가지는 것을 공경하지도 않고, 파계를 미워하지

도 않으며, 오래 공부한 이를 소중히 여기
지도 않고, 처음 공부한 이를 깔보지도 않
나니, 왜냐 하면 온갖 것이 모두 원각이기
때문이니라. 이를테면 안광眼光이 앞을 비
춤에 그 빛은 원만하여 사랑도 미움도 없는
것과 같으니, 그것은 광명 자체는 둘이 아
니어서 사랑과 미움이 없기 때문이니라.
선남자여, 보살과 말세 중생이 이 마음을
닦아 성취하면 여기에는 닦을 것도 없고
성취할 것도 없으리니, 원각이 널리 비추
고 적멸해서 차별이 없느니라.
이 가운데에서는 백천만억 아승지 말할 수
없는 항하의 모래 수 같은 모든 부처님 세
계가 마치 허공꽃空華이 어지럽게 일어나
고 스러지는 것 같아서, 즉卽하지도 여의
지도 않으며 얽매임도 풀림도 없으리니,
중생이 본래 부처이고 생사와 열반이 지난

밤 꿈과 같은 줄을 알 것이니라.

선남자여, 지난밤 꿈같으므로 생사와 열반이 일어나는 것도 없고 없어지는 것도 없으며, 오는 것도 없고 가는 것도 없느니라. 증득된 바가 얻을 것도 없고 잃을 것도 없으며, 취할 것도 없고 버릴 것도 없느니라. 또한 증득한 이가 일으킬 것作도 없고 멈출 것止도 없으며, 맡길 것任도 없고 멸할 것滅도 없느니라.

이와 같은 증證 가운데는 능能도 없고 소所도 없어 마침내 증할 것도 없고 증할 이도 없어서, 모든 법의 성품이 평등하여 무너지지 않느니라.

선남자여, 모든 보살들이 이렇게 닦을 것이며, 이러한 차례이며, 이렇게 생각할 것이며, 이렇게 머물러 가질 것이며, 이러한 방편이며, 이렇게 깨달으므로, 이와 같은 법

을 구하면 아득하거나 답답하지 않으리라.

이때 세존은 이런 뜻을 거듭 펴시려고
게송으로 말씀하시었다.

보안이여, 그대 마땅히 알라.
시방세계 모든 중생들
몸과 마음 죄다 환幻과 같아서

몸뚱이는 사대四大로 이루어지고
마음은 육진六塵에 돌아감이라.
사대 뿔뿔이 흩어지고 말면
어느 것이 화합된 것이런가.

이와 같이 차례로 닦아 나가면
모든 것이 두루 청정하여서
움쩍 않고 온 법계에 두루하리라.

짓고 그치고 맡기고 멸할 것 없고

또한 증할 이도 없는 것이니

모든 부처님 세상일지라도

허공에 아물거리는 꽃과 같으리.

삼세三世가 모두 평등함이라.

마침내 오고 감도 없는 것.

처음으로 마음 낸 보살이나

말세의 모든 중생들이

부처의 길에 들고자 한다면

이와 같이 닦고 익힐지니라.

원각경보안보살장

사 경 본
원각경보안보살장

2020(불기 2564)년 3월 12일 초판 1쇄 인쇄
2020(불기 2564)년 3월 20일 초판 1쇄 발행

편 집 · 편 집 실
발행인 · 김 동 금
만든곳 · 우리출판사

서울특별시 서대문구 경기대로9길 62
☎ (02) 313-5047, 313-5056
Fax. (02) 393-9696
wooribooks@hanmail.net
www.wooribooks.com
등록 : 제9-139호

ISBN 978-89-7561-342-5 13220

정가 6,000원